リスニング編

リスニング音声のご利用方法

■ スマートフォンやタブレットで聞く場合

①カメラアプリ等でQRコードを読み取り、リスニングページを開いて下さい。

②リスニングページに表示されている音声リストの中から聞きたい音声を選び、再生ボタンを押して下さい。

■ パソコンで聞く場合

①Google等のブラウザに下記URLを入力し、「リスニング編 特設サイト」を開いて下さい。

　［リスニング編 特設サイト］　https://www.goukaku-dekiru.com/listeningmain

②音声リストの中から聞きたい音声を選び、再生ボタンを押して下さい。

目　次

次の（1）～（3）の英文をよく聞いて、それぞれの内容に合う絵を、ア、イから選びなさい。

（1）

（2）

（3）

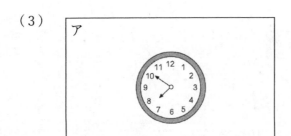 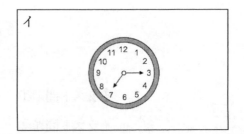

(1)	(2)	(3)

イラスト問題① Step 2

次の（1）〜（3）の英文をよく聞いて、それぞれの内容に合う絵を、ア、イから選びなさい。

（1）
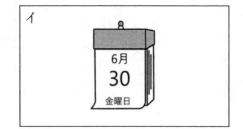

（2）

（3）

（1）	（2）	（3）

次の（1）～（3）の英文をよく聞いて、それぞれの内容に合う絵を、ア、イから選びなさい。

（1）

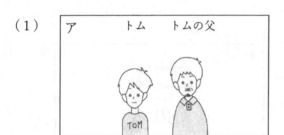

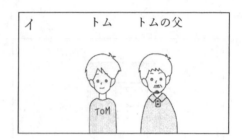

（2）

（3）

（1）	（2）	（3）

次の（1）～（3）の英文をよく聞いて、それぞれの内容に合う絵を、ア、イから選びなさい。

（1）

（2）

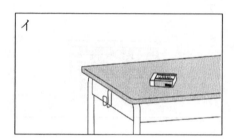

（3）

(1)	(2)	(3)

次の（1）～（3）の英文をよく聞いて、それぞれの内容に合う絵を、ア、イから選びなさい。

（1）

（2）
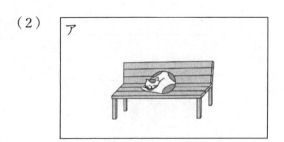

（3）

（1）	（2）	（3）

イラスト問題① Step 6

次の（1）～（3）の英文をよく聞いて、それぞれの内容に合う絵を、ア、イから選びなさい。

（1）

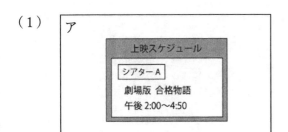

ア
上映スケジュール
シアターA
劇場版 合格物語
午後 2:00～4:50

イ
上映スケジュール
シアターA
劇場版 合格物語
午後 2:00～4:15

（2）

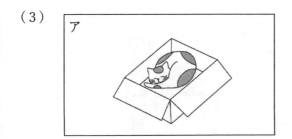

ア
女子
12人
男子
19人

イ
女子
19人
男子
20人

（3）

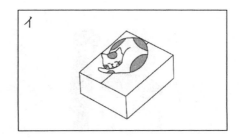

ア

イ

(1)	(2)	(3)

次の（1）～（3）の英文をよく聞いて、それぞれの内容に合う絵を、ア、イから選びなさい。

（1）

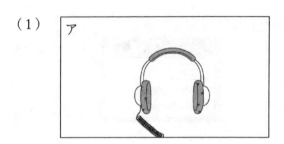 

（2）

（3）

（1）	（2）	（3）

イラスト問題① Step 8

次の（1）～（3）の英文をよく聞いて、それぞれの内容に合う絵を、ア、イから選びなさい。

（1）

（2）

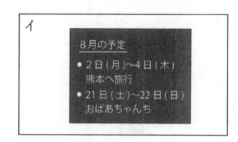

8月の予定
- 2日（月）～6日（金）
  熊本へ旅行
- 21日（土）～22日（日）
  おばあちゃんち

8月の予定
- 2日（月）～4日（木）
  熊本へ旅行
- 21日（土）～22日（日）
  おばあちゃんち

（3）

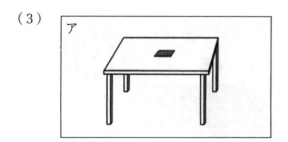 

(1)	(2)	(3)

次の（1）〜（3）の英文をよく聞いて、それぞれの内容に合う絵を、ア、イから選びなさい。

（1）

（2）

（3）

(1)	(2)	(3)

次の（1）～（3）の対話をよく聞いて、それぞれの内容に合う絵を、ア、イから選びなさい。

（1）

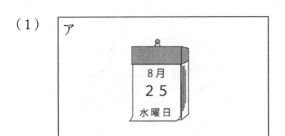
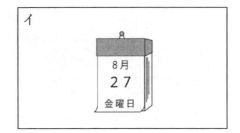

（2）

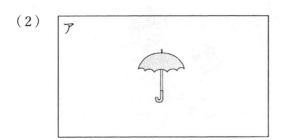

（3）

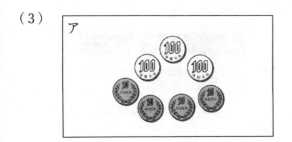
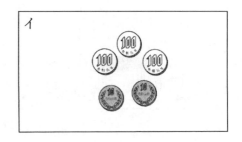

(1)	(2)	(3)

次の（1）～（3）の対話をよく聞いて、それぞれの内容に合う絵を、ア、イから選びなさい。

（1）

（2）

（3）

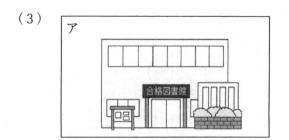
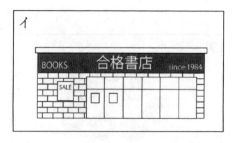

（1）	（2）	（3）

イラスト問題② Step 3

次の（1）～（3）の対話をよく聞いて、それぞれの内容に合う絵を、ア、イから選びなさい。

（1）

（2）

（3）
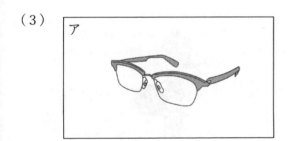 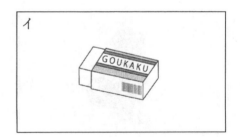

（1）	（2）	（3）

イラスト問題② Step 4

次の（1）〜（3）の対話をよく聞いて、それぞれの内容に合う絵を、ア、イから選びなさい。

（1）
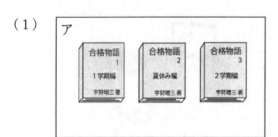
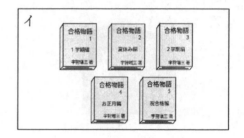

（2）
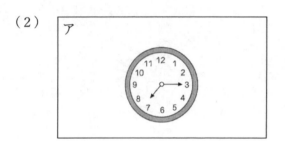

（3）

（1）	（2）	（3）

イラスト問題③　Step 1

　次の（1）～（3）の英文と質問をよく聞いて、答えとして最も適当な絵を、それぞれア、イから選びなさい。

（1）

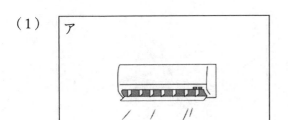

（2）

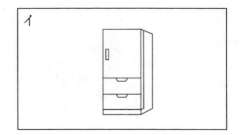

（3）

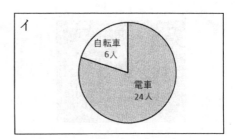

（1）	（2）	（3）

次の（1）～（3）の英文と質問をよく聞いて、答えとして最も適当な絵を、それぞれア、イ
から選びなさい。

（1）

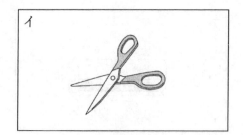

（2）

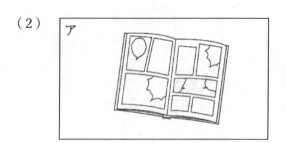

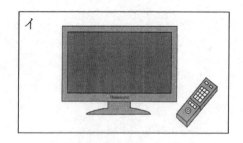

（3）

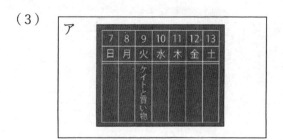

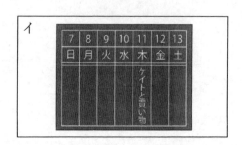

（1）	（2）	（3）

次の（1）～（3）の英文と質問をよく聞いて、答えとして最も適当な絵を、それぞれア～ウから選びなさい。

（1）

ア　　シン	イ　　タケシ	ウ　　トム

（2）

ア	イ	ウ

（3）

ア	イ	ウ
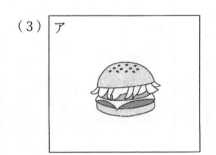	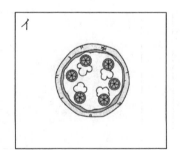	

（1）	（2）	（3）

16

次の（1）〜（3）の英文と質問をよく聞いて、答えとして最も適当な絵を、それぞれア〜ウから選びなさい。

（1）ア　　イ　　ウ　

（2）ア　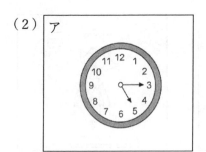　イ　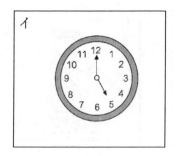　ウ　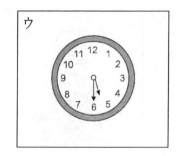

（3）ア　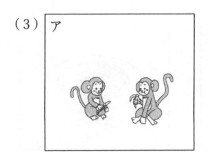　イ　　ウ　

（1）	（2）	（3）

次の（1）〜（3）の対話をよく聞いて、それぞれの対話の後に続く質問の答えとして最も適当な絵を、ア、イから選びなさい。

（1）　ア　美術室　　　　イ　音楽室

（2）　ア　　　　　イ

（3）　ア　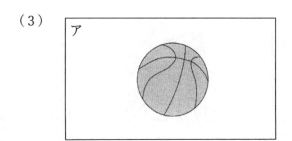　　　　イ　

（1）	（2）	（3）

次の（1）～（3）の対話をよく聞いて、それぞれの対話の後に続く質問の答えとして最も適当な絵を、ア、イから選びなさい。

（1）

（2）
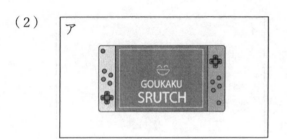

（3）

（1）	（2）	（3）

次の（1）～（3）の対話をよく聞いて、それぞれの対話の後に続く質問の答えとして最も適当な絵を、ア～ウから選びなさい。

（1）ア　　　　　　　　イ　　　　　　　　ウ

（2）ア　　　　　　　　イ　　　　　　　　ウ

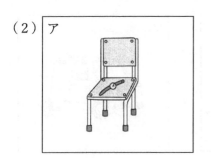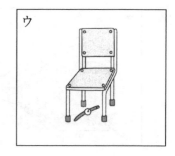

（3）ア　　　　　　　　イ　　　　　　　　ウ

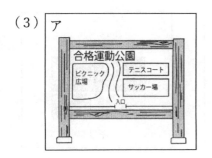

(1)	(2)	(3)

イラスト問題④ Step 4

　次の（1）～（3）の対話をよく聞いて、それぞれの対話の後に続く質問の答えとして最も適当な絵を、ア～ウから選びなさい。

（1）
ア

イ
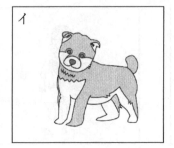
ウ

（2）
ア

イ
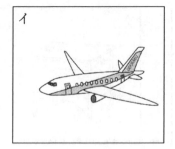
ウ
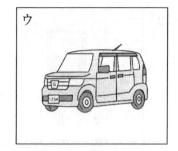

（3）
ア
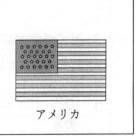
アメリカ
イ
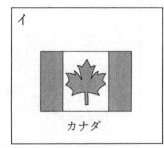
カナダ
ウ

イギリス

（1）	（2）	（3）

イラスト問題④ Step 5

　次の（1）～（3）の対話をよく聞いて、それぞれの対話の後に続く質問の答えとして最も適当な絵を、ア～ウから選びなさい。

（1）

（2）

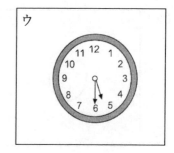

（3）

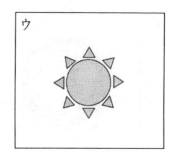

(1)	(2)	(3)

イラスト問題④　Step 6

　次の（1）～（3）の対話をよく聞いて、それぞれの対話の後に続く質問の答えとして最も適当な絵を、ア～ウから選びなさい。

（1）　ア　　　　　　　　　　イ　　　　　　　　　　ウ

（2）　ア　　　　　　　　　　イ　　　　　　　　　　ウ

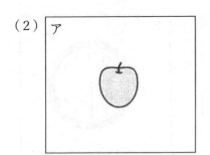

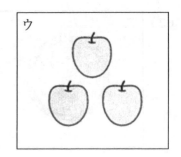

（3）　ア　　　　　　　　　　イ　　　　　　　　　　ウ

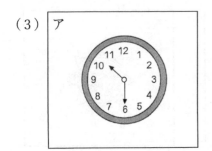
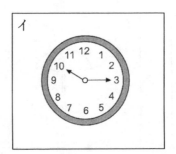
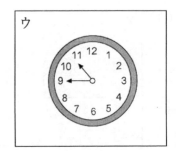

(1)	(2)	(3)

次の（1）（2）の対話をよく聞いて、質問に答えなさい。

（1）　シンとケイトが写真を見ながら話をしています。対話を聞いて、写真の①〜④に当てはまる人物を、次のア〜エからそれぞれ選びなさい。

ア Kate's sister　　イ Jill　　ウ John　　エ Steve

（1）　①　　　　　②　　　　　③　　　　　④

（2）　リサは、外国人の男性から平成駅までの行き方をたずねられました。対話を聞いて、平成駅の場所を、地図上のア〜エから選びなさい。

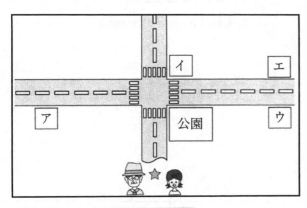

（2）

24

次の（1）～（3）の対話の最後にチャイムが鳴ります。チャイムの場所に入る最も適当な英語を、ア～エから選びなさい。

（1）ケイトとシンが趣味について話をしています。

　　　　ア　Do you have a camera ?　　　　イ　Sure.　Here you are.
　　　　ウ　Really ?　I didn't know about it.　エ　How much is it ?

（2）リサは洋服店に来ています。

　　　　ア　That's right.　　　　　　　　イ　Of course.
　　　　ウ　Good night.　　　　　　　　 エ　No, thank you.

（3）トムがリサの家に電話をしています。

　　　　ア　I will go there.　　　　　　　イ　You're welcome.
　　　　ウ　About two hours.　　　　　　 エ　Can I leave a message ?

(1)	(2)	(3)

チャイム問題 Step 2

　次の（1）～（3）の対話の最後にチャイムが鳴ります。チャイムの場所に入る最も適当な英語を、ア～エから選びなさい。

（1）ア OK.　See you tomorrow.　　イ I think so, too.

　　　ウ Have a nice trip.　　　　エ Sit down, please.

（2）ア Five hundred and thirty yen, please.　イ Over there.

　　　ウ No, it's not.　　　　　　　　エ No, thank you.

（3）ア I will see pandas at Ueno Zoo.　　イ I want to see pandas at Ueno Zoo.

　　　ウ I saw pandas at Ueno Zoo.　　　　エ Because I like Ueno Zoo.

（1）	（2）	（3）

次の（1）〜（3）の対話の最後にチャイムが鳴ります。チャイムの場所に入る最も適当な英語を、ア〜エから選びなさい。

（1）ア　Can you speak English ?

　　　イ　Because I want to become an English teacher.

　　　ウ　He is my English teacher.

　　　エ　You can speak English very well.

（2）ア　It's a library.　　　　　　　　　　イ　It's a book store.

　　　ウ　I want to be a writer.　　　　　　エ　It's *Natsume Soseki*.

（3）ア　It's very crowded.　　　　　　　　イ　Let's meet at the station.

　　　ウ　It will be sunny.　　　　　　　　エ　I'm fine today.

(1)	(2)	(3)

1　トムとリサは、クッキーを食べながら話をしています。対話の後に質問が2つ続きます。
　よく聞いて、それぞれの質問に対する答えとして最も適当なものを、ア〜エから選びなさい。

（1）　ア　Tom was.　　　　　イ　Risa was.
　　　　ウ　Tom did.　　　　　エ　Risa did.

（2）　ア　Because Tom bought the cookies.
　　　　イ　Because Risa doesn't like cookies.
　　　　ウ　Because the cookies are delicious.
　　　　エ　Because Tom was happy.

(1)	(2)

2　シンとケイトは好きな色について話をしています。よく聞いて、メモの空欄（　ア　）〜
　（　ウ　）に適当な語を日本語で書き入れなさい。

「メモ」
　・ケイトはいつも（　ア　）色のシャツを着ている。
　・シンの（　イ　）の色は青色である。
　・シンのいちばん好きな色は（　ウ　）である。

ア	イ	ウ

28

対話・文章問題　Step 2

1　トムとリサは、あるマンガについて話をしています。対話の後に質問が3つ続きます。よく聞いて、それぞれの質問に対する答えとして最も適当なものを、ア～エから選びなさい。

（1）　ア　Shin is.　　　　　　　　イ　Tom is.
　　　ウ　Risa is.　　　　　　　　エ　Tom likes the comic.

（2）　ア　No, she hasn't.　　　　　イ　Yes, she has.
　　　ウ　Yes, she does.　　　　　　エ　Yes, she is.

（3）
 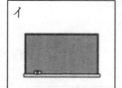  

（1）	（2）	（3）

2　トムはリサの家に電話をかけました。よく聞いて、メモの空欄（　ア　）～（　ウ　）に適当な英語、または時刻を書き入れなさい。

・Risa went to a (　ア　) to see her grandmother.
・Risa will come home about (　イ　).
・The birthday party will start at (　ウ　).

ア	イ	ウ

1　トムは、この夏京都を訪れたことについて英語でスピーチをしました。よく聞いて、スピーチの内容について書かれた英文①〜③のうち、正しいものには○を、誤っているものには×を付けなさい。

英文① ：　Tom stayed in Kyoto for three days.

英文② ：　Tom had dinner in *Kiyomizu-dera.*

英文③ ：　Tom didn't eat Japanese traditional dishes in Kyoto.

①	②	③

2　リサは、ケイトが家に来た時のことについて英語でスピーチをしました。よく聞いて、「その日に起きた出来事」の　　①　　〜　　③　　に、ア〜エの出来事を起きた順番に当てはめなさい。ただし、使わない絵が1枚あります。

「その日に起きた出来事」

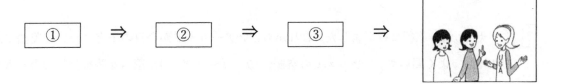

①	②	③

対話・文章問題　Step 4

1　トムは、アメリカに住む祖母について英語でスピーチをしました。スピーチの後に、質問が3つ続きます。よく聞いて、それぞれの質問に対する答えとして最も適当なものを、ア～エから選びなさい。

（1）

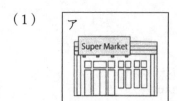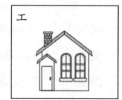

（2）

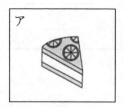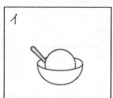

（3）　ア　He lives in America.　　　　　　イ　He lives in a village.
　　　ウ　He lives in his grandmother's house.　エ　He lives in Japan.

（1）	（2）	（3）

2　リサは、海外旅行に行きました。これから、ツアーガイドが今日の予定について英語で説明します。よく聞いて、リサのメモの空欄（　ア　）～（　ウ　）に適当な語を英語で書き入れなさい。

「リサのメモ」

・Tom's kitchen was（　ア　）about one hundred years ago.
・We can enjoy many（　イ　）dishes here.
・We must come back to the bus（　ウ　）3:00.

ア	イ	ウ

31

1　リサは、友人のケイトについて英語でスピーチをしました。スピーチの後に質問が3つ続きます。よく聞いて、それぞれの質問に対する答えとして最も適当なものを、ア〜エから選びなさい。

（1）　ア　She is from Japan.　　　　　イ　She is from Canada.
　　　　ウ　She is from America.　　　　エ　She cannot speak Japanese well.

（2）　ア　She likes Japanese.　　　　　イ　She likes anime.
　　　　ウ　She likes English.　　　　　エ　She likes Japanese food.

（3）　ア　No, she doesn't.　　　　　　イ　Yes, she does.
　　　　ウ　No, she didn't.　　　　　　エ　Yes, she did.

（1）	（2）	（3）

2　シンは、英語学習について英語でスピーチをしました。スピーチの後に質問が1つ続きます。よく聞いて、メモの空欄（　ア　）、（　イ　）に適当な語を英語で書き入れ、ウには質問に対する答えを英語で書きなさい。

・To talk with Tom is the（　ア　）way for Shin to practice English.
・Shin learns new（　イ　）from English songs.

ウ「質問に対する答え」

_____

_____

ア　　　　　　　　　イ　　　　　　　　ウ

長文編

目　次

長文問題① Step 1

次のトムの自己紹介スピーチの原稿を読んで、質問に答えなさい。

(注) hobby=趣味　　anime=アニメ　　popular=人気のある　　enjoy=…を楽しむ

　　　 favorite=いちばん好きな、お気に入りの　　Japanese food=和食　　sushi=寿司　　wasabi=ワサビ

　　Hello, my name is Tom.　I am from America.　I'm fifteen years old.　My hobby is to watch anime.　Japanese anime is popular in America, too.　I want to enjoy (　　　　) with you about it.　My favorite Japanese food is *sushi*.　But I cannot eat *wasabi*.　I'm very happy to study with you.　Thank you.

(1) 次の質問に英語で答えなさい。
　　　⑦ Where is Tom from ?
　　　④ Can Tom eat *wasabi* ?

(2) (　　　　) に入る最も適当な語を、ア〜エから選びなさい。
　　　ア to talk　　イ talks　　ウ talking　　エ told

(3) トムの自己紹介カードの空欄(　Ⓐ　)(　Ⓑ　)に当てはまる語を日本語で書きなさい。

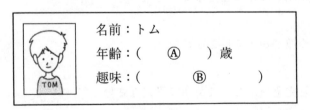

名前：トム
年齢：(　　Ⓐ　　) 歳
趣味：(　　　　Ⓑ　　　　)

(1)⑦		④
(2)	(3) Ⓐ	Ⓑ

34

次のシンとケイトの対話を読んで、質問に答えなさい。

(注) culture=文化

Shin : Hello, my name is Shin.　What is your name ?

Kate : Hello, Shin.　My name is Kate.　Nice to meet you.

Shin : Nice to meet you, too.　(　　　) are you from ?

Kate : I'm from America.

Shin : 【come / Japan / did /why / you / to】 ?

Kate : Because I like Japanese culture.

Shin : What Japanese culture do you like ?

Kate : I like Japanese food.

(1) (　　　　) に入る最も適当な語を1語で書きなさい。

(2) 【　　　】の中の語を、正しく並べかえて書きなさい。

(3) 次の質問に、主語と動詞を含む完全なかたちの英語で答えなさい。
　　 What Japanese culture does Kate like ?

(1)	(2)	?
(3)　She (　　　　)(　　　　　　)(　　　　　).		

次のシンからケイトへのEメールを読んで、質問に答えなさい。

(注) free=自由な、ひまな　　museum=博物館、美術館　　among=…の中で[に、を]、…の間で[に、を]

traditional=伝統的な　　arts and crafts =美術工芸品　　there=そこに[で、へ]

restaurant=レストラン　　near=…の近くに[で]

Dear Kate,

　Are you free next Saturday ?　(　①　)　Tom and I are going to go to Midori Museum.　The museum is very popular among people in the city.　We can see a lot of Japanese traditional arts and crafts there.　(　②　)　We will go there (　Ⓐ　) train.　We will meet at Heisei Station at 9:30.　There is a nice restaurant near the museum.　(　③　)　We are going to have lunch there. If you are free, please go with us.

Shin

（1）次の英語が入る最も適当な個所を(　①　)～(　③　)から選びなさい。

They are beautiful.

（2）(　Ⓐ　)に入る最も適当な語を1語で書きなさい。

（3）次の質問に対する答えを、ア～エから選びなさい。

質問: Which is true about Midori Museum ?

　ア　People in the city like the museum.
　イ　People can buy Japanese traditional arts.
　ウ　People can cook Japanese food.
　エ　There is a restaurant in the museum.

（1）	（2）	（3）

36

次のハンバーガーショップでの、ケイトと店員の男性との対話を読んで、質問に答えなさい。

(注) something=何か、あるもの　　For here, or to go？＝こちらでお召し上がりですか、それともお持ち帰りですか。

Man : Hello. What would you like ?

Kate : 【like / I / would / hamburgers / two】.

Man : Would you like something to drink ?

Kate : Orange juice, please.

Man : For here, or to go ?

Kate : To go.

Man : It's six hundred and eighty yen.

Kate : (　　　　)

（1）【　　　　】の中の語を、正しく並べかえて書きなさい。

（2）（　　　　）に入る最も適当な英文を、ア～エから選びなさい。

　　ア　Yes, please.　　イ　No, thank you.　　ウ　Here you are.　　エ　I'm fine.

（3）ケイトはお金をいくら払いましたか。正しい絵をア～ウから選びなさい。

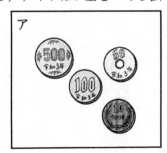

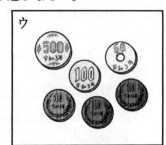

（1）		.
（2）	（3）	

次のトムが夏休みについて書いた英文を読んで、質問に答えなさい。

(注) season=季節　　　enjoy=…を楽しむ　　for example=例えば　　climb=…に[を]のぼる
　　summer vacation=夏休み　　　　during=…の間ずっと、…の間に

　Which season do you like the best ?　I like summer the best because I can enjoy many things.
For example, I can enjoy swimming in the sea.　【is / to / fun / mountains / climb】, too.　Summer
vacation starts next week.　I am very excited.　I want to visit Okinawa (　　　).　<u>What do you
want to enjoy during summer vacation ?</u>

（1）【　　　】の中の語を、正しく並べかえて書きなさい。

（2）（　　　）に入る最も適当な語を、ア～エから選びなさい。
　　ア swimming　　　イ to swim　　ウ swims　　エ swim

（3）下線部の質問に対するあなたの答えを書きなさい。語および文の数は問わないが、主語
　　と動詞を含む完全なかたちの英語で書くこと。

(1)		(2)
(3)		

次のケイトとリサの会話を読んで、質問に答えなさい。

(注) over there＝あそこに、あちらでは、向こうでは

Kate : Look at the girl over there.　Who is she ?

Risa : <u>彼女の名前はヨシコです。</u>　She is a new student.

Kate : 【ever / with / have / you / talked / her】　?

Risa : Yes, I have.　I talked with her yesterday.

　　　　We have become good friends.

Kate : That's good.　What did you talk about ?

Risa : We talked about English.　She likes English very much.

　　　　Come on, Kate.　Let's talk with her.

（1）下線部を英文にしなさい。

（2）【　　　　】の中の語を、正しく並べかえて書きなさい。

（3）次の質問に英語で答えなさい。
　　　⑦ Have Risa and Yoshiko become good friends ?
　　　④ What will Risa and Kate do next ?

(1)	
(2)	?
(3)⑦	④

次のシンの英語スピーチの原稿を読んで、質問に答えなさい。

(注) zoo=動物園　　animal=動物　　elephant=象

　My hobby is to take pictures.　Last Sunday, I went to Midori Zoo.　I took a lot of pictures of animals.　Today, I will show you the best one.　Please look at this picture.　This is a baby elephant.　It was eating a lot of fruits.　I am happy (　　　) you like it.　Next Sunday, I am going to visit Midori Park to take pictures of birds and flowers.

（1）シンが見せた写真を次のア〜ウから選びなさい。

（2）（　　　）に入る最も適当な語を、ア〜エから選びなさい。
　　　ア when　　イ so　　ウ if　　エ because

（3）次のア〜エのうち、内容に合うものを１つ選びなさい。
　　　ア シンの趣味は動物園へ行くことだ。
　　　イ シンは動物園で写真を一枚だけ撮った。
　　　ウ シンは動物園で撮った写真のなかでいちばんよいものをみんなに見せた。
　　　エ シンは来週の日曜日に再びみどり動物園を訪れる。

(1)	(2)	(3)

40

次は、シンと外国人女性との駅での対話です。図1、2を参考にして質問に答えなさい。

(注) Excuse me=すみません、失礼ですが　　line=線　　station=駅　　stop=停留所、駅

　　next=次の、今度の　　trip=旅行

（図1）

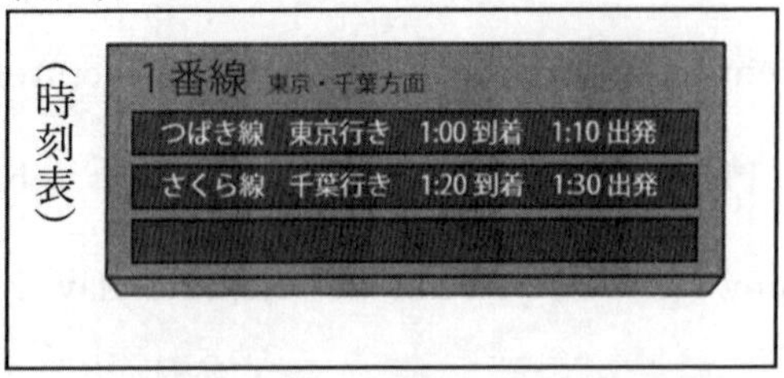

（時刻表）

1番線 東京・千葉方面

つばき線　東京行き　1:00 到着　1:10 出発

さくら線　千葉行き　1:20 到着　1:30 出発

（図2）

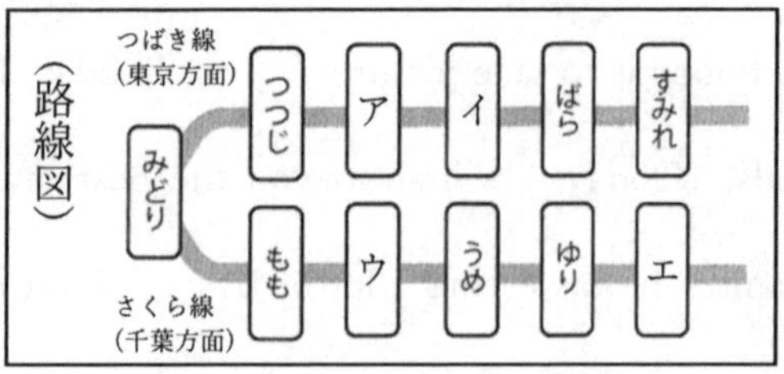

（路線図）

つばき線
（東京方面）

さくら線
（千葉方面）

みどり　つつじ　ア　イ　ばら　すみれ

もも　ウ　うめ　ゆり　エ

Woman : Excuse me.　Could you tell me how to get to Goukaku Station ?

Shin : Sure.　We are at Midori Station now.　Take Sakura line to Chiba.

Goukaku Station is five stops from here.

Woman : How long does it take ?

Shin : （　　　　）

Woman : What time will the next train come ?

Shin : [　　　　　　　　　　　　　　]

Woman : Thank you.

Shin : You're welcome.　Have a nice trip.

（1）合格駅(Goukaku Station)はどこですか。図2のア〜エから選びなさい。

（2）（　　　）に入る最も適当な英文を、ア〜エから選びなさい。

　ア It's too long.　　　　　　　　イ About five stops.
　ウ About thirty five minutes.　　エ Yes, it is.

（3）下線部の質問に対する答えを　　　　　に書きなさい。

（1）	（2）

（3）

次のシンが親友のケンについて書いた英文を読んで、質問に答えなさい。

(注) member=一員　　club=クラブ、部　　practice=(…を)練習する　　than=…よりも

　　before=以前に、かつて　　hard=熱心に、一生懸命に　　player=選手　　great=すばらしい

I am a member of the basketball club.　I have my best friend in the club.　His name is Ken.

We like basketball very much.　We practice basketball from Monday to Friday.　I'm ①(tall)

than him.　But he can play basketball (　Ⓐ　) than me.　He was not a good basketball player

before.　But he practiced very hard to be a good player.　Now he is the (　Ⓑ　) player in

the club.　I think he is great.

（1）（　①　）の英語を適当なかたちに変えなさい。

（2）次の質問に対する答えを、ア～エから選びなさい。

　　質問　Do they practice basketball on Thursday？

　　ア　Yes, they do.　　　　　イ　No, they don't.
　　ウ　Yes, they did.　　　　エ　No, they didn't.

（3）（　Ⓐ　）（　Ⓑ　）に入る語の組み合わせとして正しいものを、ア～エから選びなさい。
　　ア（Ⓐ much　　　Ⓑ best）　　イ（Ⓐ better　　Ⓑ best）
　　ウ（Ⓐ much　　　Ⓑ most）　　エ（Ⓐ better　　Ⓑ most）

(1)	(2)	(3)

次のトムとリサの対話を読んで、質問に答えなさい。

(注) rainy=雨の、雨の多い   at home=家で[に]   by=【手段・方法・原因】…によって

interesting=おもしろい、興味深い

Tom :   It was rainy yesterday.

Risa :   Yeah. (Ⓐ   )

Tom :   Me, too.   What were you doing at home ?

Risa :   (Ⓑ   )

Tom :   That's good.   What book did you read ?

Risa :   I read *Kokoro*.

Tom :   It was ①(write) by *Natsume Soseki*, right ?

Risa :   Yes.   It was very interesting.

Tom :   I read *Kokoro* last year.

Risa :   Really ? (Ⓒ   )

(1) 次の質問に英語で答えなさい。

    ⑦ Was it rainy yesterday ?

    ④ Did Tom read *Kokoro* last year ?

(2) (①) の英語を適当なかたちに変えなさい。

(3) (Ⓐ) ～ (Ⓒ) に入る英文を、ア～エから選びなさい。ただし、使わない英文が

   1つあります。

    ア I was reading a book.   イ Who is *Natsume Soseki* ?

    ウ Let's talk about it.   エ I couldn't go out.

(1)⑦		④		
(2)		(3)Ⓐ	Ⓑ	Ⓒ

次のシンが祖父母について書いた英文を読んで、質問に答えなさい。

(注) grandparents=祖父母　　green tea=緑茶　　coffee=コーヒー　　same=同じ、同一の
yunomi=湯飲み　　ask=(…を[に])たずねる、質問する　　answer=…に答える
surprised=驚いた、びっくりした

My grandparents like green tea. I like green tea, too. I like green tea better (　①　)
coffee. They have same *yunomies*. But their colors are Ⓐ(d 　　　). My grandfather's
yunomi is blue, and my grandmother's one is red. They are old, but beautiful. I asked them,
"　　　　　　　　　　　　　　　" They answered, "We have used them for thirty years."
I was surprised to hear that.

（1）（　①　）に入る最も適当な語を、ア〜エから選びなさい。
　　　ア　as　　　　イ　that　　　　ウ　than　　　　エ　to

（2）（　Ⓐ　）に当てはまる英語を1語で書きなさい。ただし、最初の文字は与えられています。

（3）[　　　]に入る適当な英文を、ア〜エから選びなさい。
　　　ア　How much were these *yunomies*?
　　　イ　Do you like green tea?
　　　ウ　How long have you used these *yunomies*?
　　　エ　Have you ever used these *yunomies*?

（1）	（2）	（3）

次のケイトとトムの対話を読んで、質問に答えなさい。

(注) contest=コンテスト、コンクール　　　dance club=ダンス部　　　Sounds….=…そうですね。
　　 glad=うれしい

Kate ： Hi, Tom.　Are you free next Saturday ?

Tom ： Yes, I am free.　Why ?

Kate ： (　　　　　) I want you to come to City Dance Contest.

Tom ： Oh, are you going to dance in the contest ?

Kate ： Yes.　I will dance with my friends of the dance club.

Tom ： Sounds interesting.　I will go to see you.

Kate ： I'm glad.　We are going to dance from 11:00 to 11:20.

Tom ： OK.　Do your best.

(1) 次の質問に英語で答えなさい。
　　㋐ Is Tom free next Saturday ?
　　㋑ Will Tom go to the contest ?

(2) (　　　　) に入る最も適当な語を、ア～エから選びなさい。
　　ア What　　イ If　　ウ When　　エ Because

(3) 次のア～エのうち、内容に合うものには○を、合わないものには×を付けなさい。
　　ア ケイトはダンス部を代表して一人でおどる。
　　イ ケイトはダンス部の友達がおどるのを見に行く。
　　ウ ケイトは 11 時からおどる予定だ。
　　エ ケイトは 11 時 20 分からおどる予定だ。

(1) ㋐	㋑		
(2)	(3)ア	イ　　　　ウ　　　　エ	

次のリサが祖父について書いた英文を読んで、質問に答えなさい。

(注) *Botchan*=夏目漱石の「坊ちゃん」   should=…すべきである   borrow=…を借りる

　　My grandfather has a lot of books.　Last Sunday, I visited his house.　He said to me, "Have you (　①　) read this book ?"　The book was "*Botchan.*"　I said to him, "No, I haven't.　But I know about this book.　It was (　②　) by *Natsume Soseki.*"　He said to me, "Yes.　I read this book when I was a junior high school student.　You should read it."　I borrowed the book from him.　I'm reading it now, and it's very interesting.

（1）次の質問に英語で答えなさい。
　　㋐ Where did Risa visit last Sunday ?
　　㋑ Did Risa know about *Botchan* ?

（2）(　①　)(　②　)に入る語の組み合わせとして正しいものを、ア〜エから選びなさい。
　　ア (① ever　　　② wrote)　　イ (① ever　　② written)
　　ウ (① never　　② wrote)　　エ (① never　　② written)

（3）次のア〜エのうち、内容に合うものを1つ選びなさい。
　　ア リサの祖父は本をあまり読まない。
　　イ リサの祖父は中学生のころに「坊ちゃん」を読んだ。
　　ウ リサの祖父は、リサに「坊ちゃん」をプレゼントした。
　　エ リサは「坊ちゃん」をたった今読み終わった。

(1) ㋐	
㋑	
(2)	(3)

次のケイトとシンの対話を読んで、質問に答えなさい。

(注) volunteer work=ボランティア活動　　clean=…をそうじする　　have to=…しなければならない
sick=病気の

Shin :　Hi, Kate.　Where are you going ?

Kate :　I am going to City Park （　　　）volunteer work.

Shin :　That's good.　Are you going to clean the park ?

Kate :　Yes.　Do you want to go with me ?

Shin :　Yes, but I can't go.　I have to help my mother.

　　　　She is sick now.

Kate :　That's too bad.　Say hello to her.

Shin :　Thank you.　Have a nice day.

（1）（　　　）に入る最も適当な語を、ア～エから選びなさい。
　　　ア do　　　イ to do　　　ウ doing　　　エ is

（2）次の質問に対する答えをア～エから選びなさい。

　　　質問: Who is sick now ?

　　　ア Shin is.　　　　　　　　　　イ Kate is.
　　　ウ Shin's mother is.　　　　　　エ Kate's mother is.

（3）次のア～エのうち、内容に合うものを1つ選びなさい。
　　　ア ケイトはこれから部屋をそうじする。
　　　イ ケイトはこれから公園をそうじする。
　　　ウ シンは母の手伝いを終えた。
　　　エ シンはこれからボランティアに行く。

(1)	(2)	(3)

長文問題② Step 5

次のトムとトムの父のEメールを読んで、質問に答えなさい。

(注) school life=学校生活　　be different from=…とはちがっている　　reason=理由

<トムの父のEメール>

Dear Tom,

Thank you for your e-mail. I'm happy that you are enjoying your school life in Japan. I think that Japanese culture is very different from American culture. I want to learn about it. Please tell me about your favorite Japanese culture.

David

<トムのEメール>

Dear Father,

Japanese culture is very interesting. [①]

There are two reasons. [②] See you.

Tom

トムになったつもりで、[①] にあなたのいちばん好きな日本文化について英語で書き、[②] にその文化が好きな理由を2つ英語で書きなさい。語および文の数は問わないが、主語と動詞を含む完全なかたちの英語で書くこと。

①	
②	

ケイトとリサは、好きな教科の投票結果を見ながら話をしています。図を参考にして質問に答えなさい。

(注) subject=教科、科目   only=ただ…だけ   sad=悲しい   math=数学   difficult=難しい、困難な

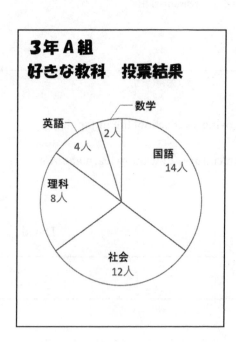

3年A組
好きな教科　投票結果

数学 2人
英語 4人
国語 14人
理科 8人
社会 12人

Kate :　Risa, what subject do you like the best ?

Risa :　I like English the best.　But English is not popular in our class.

Kate :　How many students like English the best ?

Risa :　Only four students like it the best.　I am sad.

Kate :　But (　　　　　　①　　　　　　)

Risa :　I see.　Math is difficult.

Kate :　I think so, too.　I don't like math.

Risa :　What is your favorite subject ?

Kate :　My favorite subject is Japanese.

Risa :　I like Japanese, too.　Japanese is (　Ⓐ　) popular subject in our class.

（1）次の質問に英語で答えなさい。

　　⑦ What subject does Risa like the best ?

　　④ Does Kate like math ?

（2）（　①　）に入る最も適当な英文を、ア～エから選びなさい。

　　ア English is more popular than math.　　イ English is as popular as math.

　　ウ English is very popular in the class.　　エ Math is more popular than English.

（3）（　Ⓐ　）に入る最も適当な英語を2語で書きなさい。

(1)⑦	④
(2)	(3)

49

長文問題②　Step 7

次のシンが祖父について書いた英文を読んで、質問に答えなさい。

(注) animal doctor=獣医　　　young=若い　　　worry=心配する、悩む　　　soon=すぐに、まもなく
understand=(…を)理解する、わかる　　　feeling=感情、気持ち　　　sure=確信して

My grandfather was an animal doctor when he was young.　He knows many things about animals.　I have a cat at home.　Her name is Kitty.　Last winter, Kitty was sick.　I was worried about her very much.　I asked my grandfather to help her.　Thanks to him, she got well soon.　I think he was a great animal doctor.　One day, he said to me, "Shin, animals can understand people's feelings.　If you love animals, they will love you, too."　I am sure that he was loved by animals.

（1）次の質問に英語で答えなさい。

　　　㋐ Who knows many things about animals ?

　　　㋑ When was kitty sick ?

（2）下線部を日本語に訳しなさい。

（3）次のア〜エのうち、内容に合うものを 1 つ選びなさい。

　　　ア　シンの祖父は若いころ獣医ではなかった。

　　　イ　シンの祖父はキティの病気を治すことはできなかった。

　　　ウ　シンは祖父はすばらしい教師だったと思っている。

　　　エ　シンは祖父が動物に愛されたと確信している。

(1) ㋐		㋑
(2)		
(3)		

シンとトムはハイキングコースの地図を見ながら話をしています。図を参考にして質問に答えなさい。

(注) map=地図   hiking=ハイキング   arrive at=…に着く、到着する

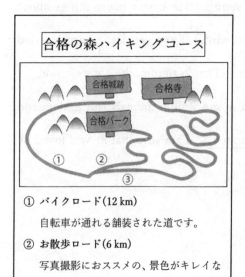

① バイクロード(12 km)
　自転車が通れる舗装された道です。
② お散歩ロード(6 km)
　写真撮影におススメの、景色がキレイなコースです。
③ 鉄人ロード(20 km)
　とても長くて険しいコースです。体力に自信がある方に。

Shin : Look at the map.　There are ①(t　　　) hiking roads.

Tom : Yes.　②(W　　　) road should we take ?

Shin : Well, how about Tetsujin Road ?

Tom : Sounds interesting.　But the road is too long. It's ③(l　　　) than Bike Road.

Shin : We should take Osampo Road today.

Tom : I think so, too.　We can take beautiful ④(p　　　) on Osampo Road.

Shin : OK.　What time is it now ?

Tom : It's 9:30.

Shin : We can arrive at Goukaku Park by 12:00. Let's go.

(1)（　①　）～（　④　）に当てはまる英語をそれぞれ1語で書きなさい。ただし、最初の文字は与えられています。

(2) 次の質問に英語で答えなさい。
　　㋐ Which road will they take ?
　　㋑ Can they arrive at Goukaku Park by 12:00 ?

(1)①	②	③	④
(2)㋐			
㋑			

次のシンが書いた英文を読んで、質問に答えなさい。

(注) since=…(して)以来　　soccer game=サッカーの試合　　starter=先発　　finally=ついに、やっと
won=win(…に勝つ)の過去形　　job=職、仕事

　　I like playing soccer very much.　I have played soccer since I was a child.　<u>When I was a child, I often played soccer with my father in the park.</u>　He played soccer when he was a junior high school student.　Now I am a member of the soccer club of my junior high school.

　　Last Sunday, we had a soccer game.　I was very excited because I was a starter.　My father came to see the game.　We did our best, and we finally won the game.　He said to me, "Good job, Shin.　【become / you / a good soccer player / have】."　I was happy to hear that.

（1）下線部を日本語に訳しなさい。

（2）【　　　】の中の語を、正しく並べかえて書きなさい。

（3）次のア～エのうち、内容に合うものを1つ選びなさい。
　　　ア　シンは中学生になってからサッカーを始めた。
　　　イ　シンはサッカーの試合で先発に選ばれたことがない。
　　　ウ　シンの父は試合を見に来ることができなかった。
　　　エ　シンたちは最善を尽くし、試合に勝った。

(1)	
(2)	.
(3)	

次のシンとケイトの会話を読んで、質問に答えなさい。

(注) still=まだ、今でも　　feel=…と感じる、気持ちがする　　cool=すずしい、冷たい

Shin : How was the museum ?

Kate : It was very interesting.　Japanese traditional art was wonderful.

Shin : You were taking a lot of pictures.

Kate : Yeah.　Look.　I think this picture is the best.

Shin : (　　　　)

Kate : Thank you.　These birds and flowers are beautiful.

Shin : You know ?　People still use it when they want to feel cool.　My mother has it, too.

Kate : Really ?　I want to get it.

Shin : You can buy it at the shop in the museum.

Kate : Great.　Let's go to the shop after lunch.

（1）（　　　　）に入る最も適当な英語を、ア〜エから選びなさい。

　　ア Of course.　　イ Yes, please.　　ウ Here you are.　　エ What a nice picture !

（2）ケイトが見せた写真を次のア〜ウから選びなさい。

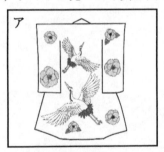 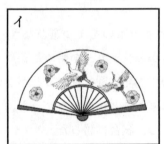 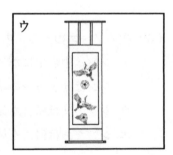

（3）次の質問に英語で答えなさい。

　　Where will they go after lunch ?

（1）	（2）
（3）	

53

次のリサが書いた英文を読んで、質問に答えなさい。

(注) smartphone=スマートフォン　　　message=伝言、メッセージ　　　video=映像、動画
useful=役に立つ、有用な　　　street=通り、街路　　　dangerous=危険な

Today, many people have their smartphones.　But I don't have my smartphone.
【enjoy / to / my smartphone / many things / I / want / get / to】.　For example, I want to
send messages to my friends.　I want to watch videos, too.　Smartphones are very useful and
interesting.　But I think people shouldn't use them too much.　Some people use their
smartphones when they are walking on the street.　They should stop it because it's dangerous.

（1）【　　　　】の中の語を、正しく並べかえて書きなさい。

（2）リサがスマートフォンでやってみたいことを2つ英語で書きなさい。語および文の数は
　　　問わないが、主語と動詞を含む完全なかたちの英語で書くこと。

（3）下線部 it は具体的に何を示すか。日本語で書きなさい。

(1)	
(2) ①	
②	
(3)	

長文問題③　Step 2

　　シンとケイトは、イベントのチラシを見ながら話をしています。図を参考にして質問に答え
なさい。

　　(注) next=次の、今度の、となりの　　　event=出来事、行事　　　fishing=(魚)釣り

　　　　try=(…を)試す、やってみる、努力する　　　catch=…を捕まえる、…をとらえる

場所：合格マリンパーク

時間；午前 8 時開始

　　　　午後 17 時終了

Kate :　What are you going to do next Sunday ?

Shin :　I will go to this event.

Kate :　Wow.　It looks interesting.

Shin :　Are you interested in fishing ?

Kate :　Yes.　I want to try it.

Shin :　(　①　) don't we go to this event ?

Kate :　Of course.　Please teach me (　②　) to catch
　　　　fish.

Shin :　Sure.　Have you ever been to Goukaku Marine
　　　　Park ?

Kate :　No, I haven't.　How can we go there ?

Shin :　We can go there by train.　Can you come to
　　　　Heisai Station at 7:00 a.m ?

Kate :　Yes, I can.　See you on Sunday.

（1）（　①　）（　②　）に入る語の組み合わせとして正しいものをア～エから選びなさい。

　　ア（① How　　　② how ）　　　イ（① Why　　　② how ）

　　ウ（① How　　　② what ）　　　エ（① Why　　　② what ）

（2）次の質問に英語で答えなさい。

　　Has Kate been to Goukaku Marine Park ?

（3）次のア～エのうち、内容に合うものを 1 つ選びなさい。

　　ア　シンは次の日曜日に水族館に行く。

　　イ　ケイトは釣りに興味がない。

　　ウ　ケイトとシンはバスで合格マリンパークに行く。

　　エ　ケイトとシンは午前 7 時に平成駅で待ち合わせる。

（1）	（2）		（3）

55

次のリサの英語スピーチの原稿を読んで、質問に答えなさい。

(注) plastic bag=ビニール袋　　problem=問題　　throw away=…を捨てる　　nature=自然

environment=環境　　protect=…を守る、保護する　　earth=地球　　bring=(～に)…を持ってくる

shopping bag=買い物袋　　step=一歩

　Plastic bags are very useful.　They are (　①　) by many people.　But there is a problem about plastic bags.　Some people throw them away in the nature.　<u>That</u> is bad for the environment. I think that we (　②　) protect the beautiful earth for everyone.　So, I always bring my shopping bag with me when I go shopping.　It is a small step.　But if everyone does it, I think that the environment will be better.　I want to work to protect the beautiful earth in the future.

（1）（　①　）（　②　）に入る語の組み合わせとして正しいものを、ア～エから選びなさい。

ア（① using　　② must ）　　イ（① using　　② have ）

ウ（① used　　② must ）　　エ（① used　　② have ）

（2）下線部 <u>that</u> は具体的に何を示すか。日本語で書きなさい。

（3）次のア～エのうち、内容に合うものを１つ選びなさい。

ア　リサはビニール袋は役に立たないと思っている。

イ　リサは買い物に行くときは、買い物袋を持っていかない。

ウ　リサは、もしみんなが買い物袋を持って行けば、環境はよくなると思っている。

エ　リサは将来、世界中を旅して回りたいと思っている。

（1）	
（2）	
（3）	

長文問題③　Step 4

次のリサとケイトの対話を読んで、質問に答えなさい。

(注) curry and rise=カレーライス

Risa :　Last night, I cooked curry and rice for my family.

Kate :　That's good.　Do you like cooking ?

Risa :　Yes.　Cooking is my hobby.

Kate :　Great.　(　　　)

Risa :　I also think so.　But it's very interesting.

Kate :　Why do you like cooking ?

Risa :　<u>Because I want to make my family happy.</u>

Kate :　I see.　I am sure they are happy.

Risa :　Thank you.　What is your hobby ?

Kate :　| ① |

Risa :　Please tell me about it.

Kate :　| ② |

Risa :　Thank you.

（1）（　　　）に入る最も適当な英文を、ア～エから選びなさい。

　ア　I don't like curry and rice.　　　　イ　Who likes cooking ?

　ウ　I think that cooking is difficult.　　エ　Do you like curry and rice ?

（2）下線部を日本語に訳しなさい。

（3）会話が成り立つように、| ① | 、| ② | にあなたの趣味について書きなさい。語およ
　　び文の数は問わないが、主語と動詞を含む完全なかたちの英語で書くこと。

（1）	（2）
（3）①	
②	

次のケイトが書いた英文を読んで、質問に答えなさい。

(注) host sister=ホストシスター　　village=村　　each other=たがい[に]　　outside=…の外側で[に、へ]

experience=経験、体験　　again=もう一度、再び、また

Saki is my host sister.　Her grandparents live in a small village in Japan.　Last summer, we visited them.　We went to the village by train.　They were waiting for us at the station.

We enjoyed talking about each other in English.　Saki said to them, "I'm surprised.　You can speak English very well."　Her grandfather said, "We studied English when we were junior high school students."

At the night, I went outside with Saki.　Saki said to me, "I like this village because its nature is beautiful."　Then she said, "Kate, look at the sky."　I was surprised.　There were a lot of stars in the sky.　I said to her, "【seen / I / beautiful stars / have / such / never】."

Next morning, we said goodbye to Saki's grandparents.　It was a wonderful experience.　I want to visit them again in the future.

（1）次の質問に英語で答えなさい。
　　　⑦ How did Kate and Saki go to the village ?
　　　④ Why does Saki like the village ?

（2）【　　　　　】の中の語を、正しく並べかえて書きなさい。

（3）次のア～エのうち、内容に合うものを１つ選びなさい。
　　　ア　サキの祖父母は家の前で二人を待っていた。
　　　イ　サキは、祖父母の英語がじょうずだったので驚いた。
　　　ウ　サキの祖父母は中学生のとき、英語を勉強しなかった。
　　　エ　ケイトはサキといっしょに大きな虹を見た。

(1) ⑦	
④	
(2)	(3)

58

アンケートにご協力をお願いします！

みなさんが、「合格できる問題集」で勉強を頑張ってくれていることを、とてもうれしく思っています。

よりよい問題集を作り、一人でも多くの受験生を合格へ導くために、みなさんのご意見、ご感想を聞かせてください。

「こんなところが良かった。」「ここが使いにくかった。」「こんな問題集が欲しい。」など、どんなことでもけっこうです。

下のQRコードから、ぜひアンケートのご協力をお願いします。

 アンケート特設サイトはコチラ！　　　　「合格できる問題集」スタッフ一同

リスニング編　解答

イラスト問題①

P1	（1）ア（2）イ（3）イ	**P2**	（1）ア（2）イ（3）ア	**P3**	（1）イ（2）ア（3）ア
P4	（1）イ（2）ア（3）ア	**P5**	（1）ア（2）イ（3）ア	**P6**	（1）イ（2）イ（3）ア
P7	（1）ア（2）イ（3）ア	**P8**	（1）ア（2）イ（3）ア	**P9**	（1）イ（2）ア（3）イ

対訳

P1
（1）I like to play soccer.		私はサッカーをすることが好きです。
（2）I don't like fruit.		私は果物が好きではありません。
（3）I get up at 7:15.		私は7時15分に起きます。

P2
（1）Yumi's birthday is July thirteenth.	ユミの誕生日は7月13日です。
（2）I go to school by bike.	私は自転車で学校に行きます。
（3）Risa is taller than her mother.	リサは彼女の母親より背が高いです。

P3
（1）Tom is as tall as his father.	トムは彼の父親と同じくらい背が高いです。
（2）This T-shirt is too big for me.	このTシャツは私には大きすぎます。
（3）The movie was very interesting.	その映画はとてもおもしろかったです。

P4
（1）He is watching a baseball game on TV now.	彼は今テレビで野球の試合を見ています。
（2）There is a notebook on the desk.	机の上にノートがあります。
（3）I ate two hamburgers and a salad for lunch.	私は昼食にハンバーガーを二つとサラダを食べました。

P5
（1）A boy and his dog are playing with a ball.	男の子と彼の犬がボールで遊んでいます。
（2）A cat is sleeping under the tree.	猫が木の下で眠っています。
（3）I'm looking for my watch.	私は私の時計をさがしています。

P6
（1）The movie starts at 2:00 and ends at 4:15.	その映画は2時に始まり4時15分に終わります。
（2）There are twenty boys and nineteen girls in my class.	私のクラスには、20人の男子と19人の女子がいます。
（3）There is a cat in a box.	箱の中に猫がいます。

P7
（1）I am listening to music now.	私は今音楽を聞いています。
（2）Kate is taller than her mother.　Her sister is the tallest of the three.	ケイトは彼女の母親より背が高いです。彼女の姉は3人の中でいちばん背が高いです。
（3）There is a boy by the desk. He has a notebook in his hand.	机のそばに男の子がいます。彼は手にノートを持っています。

P8
（1）I bought two notebooks, three pens, and one eraser.	私はノートを2冊、ペンを3本、消しゴムを1個買いました。

（2）I'm going to stay in Kumamoto from August 2 to August 4.　私は 8 月 2 日から 8 月 4 日まで熊本に滞在するつもりです。

（3）There is a smartphone on the table.　テーブルの上にスマートフォンがあります。

P9	（1）There is one tree between two houses.	2 軒の家の間に 1 本の木があります。
	（2）It's difficult for me to play the violin.	バイオリンをひくことは私にとって難しいです。
	（3）I usually go to bed at nine.　But I went to bed at eleven last night.	私はふつう 9 時に寝ます。しかし、私は昨夜 11 時に寝ました。

イラスト問題②

P10（1）ア（2）ア（3）イ　P11（1）ア（2）イ（3）ア　P12（1）ア（2）ア（3）イ
P13（1）イ（2）イ（3）ア

対訳

P10	（1）	A:	What day is it today ?	A:	今日は何曜日ですか。
		B:	It's Wednesday.	B:	水曜日です。
	（2）	A:	How will the weather be this afternoon ?	A:	今日の午後の天気はどうなるでしょう。
		B:	It'll be rainy.	B:	雨でしょう。
	（3）	A:	How much is this hamburger ?	A:	このハンバーガーはいくらですか。
		B:	It's three hundred and twenty yen.	B:	320 円です。
P11	（1）	A:	Where did you go last Sunday ?	A:	あなたは先週の日曜日にどこに行きましたか。
		B:	I went to the sea to swim.	B:	私は海に泳ぎに行きました。
	（2）	A:	What is your hobby ?	A:	あなたの趣味は何ですか。
		B:	My hobby is playing soccer.	B:	私の趣味はサッカーをすることです。
	（3）	A:	Where are you going ?	A:	あなたはどこへ行くのですか。
		B:	I'm going to the library to borrow a book.	B:	私は本を借りに図書館に行きます。
P12	（1）	A:	Did you watch the soccer game on TV last night ?	A:	あなたは昨夜、テレビでサッカーの試合を見ましたか。
		B:	No, I didn't.　I was practicing the piano then.	B:	いいえ、見ませんでした。私はその時ピアノを練習していました。
	（2）	A:	Which do you like better, swimming or skiing ?	A:	あなたは水泳とスキーのどちらが好きですか。
		B:	I like swimming better.	B:	水泳のほうが好きです。
	（3）	A:	What are you looking for ?	A:	何を探しているのですか。
		B:	I'm looking for my eraser.	B:	私は消しゴムを探しています。
P13	（1）	A:	How many books do you read every month ?	A:	あなたは毎月何冊の本を読みますか。
		B:	I read five books every month.	B:	私は毎月 5 冊本を読みます。

(2) A:　What time did you arrive at school this morning ?

B:　I arrived at school at 7:50.

A:　あなたは今朝何時に学校に着きましたか。

B:　私は7時50分に学校に着きました。

(3) A:　Whose racket is this ?

B:　It's my brother's.

A:　これはだれのラケットですか。

B:　私の兄(弟)のです。

イラスト問題③

P14 （1）イ（2）ア（3）イ　P15 （1）イ（2）イ（3）ア　P16 （1）イ（2）ウ（3）イ

P17 （1）イ（2）ウ（3）ウ

対訳

P14 （1）　It's very hot today.　Tom opened it to take a cold drink.　What did he open ?

今日はとても暑いです。トムは冷たい飲み物を取るためにそれを開けました。彼は何を開けましたか。

（2）　Tom gets up at 7:00.　He leaves home at 7:30.　He arrives at school at 7:45.　What time does he leave home ?

トムは7時に起きます。彼は7時30分に家を出ます。彼は7時45分に学校に着きます。彼は何時に家を出ますか。

（3）　There are thirty students in Takeshi's class.　Twenty-four students come to school by train.　Six students come by bike. Which graph shows Takeshi's class ?

タケシのクラスに30人の生徒がいます。24人の生徒が電車で学校に来ます。6人の生徒が自転車で来ます。どちらのグラフがタケシのクラスを示していますか。

P15 （1）　This is used when you want to cut paper. What is it ?

これはあなたが紙を切りたいときに使われます。それは何ですか。

（2）　Tom wants to watch his favorite anime. What will he use to watch it ?

トムは彼のお気に入りのアニメを見たいです。彼はそれを見るために何を使いますか。

（3）　Next Tuesday, Risa is going to go shopping with Kate.　Which picture shows Risa's plan for next week ?

来週の火曜日、リサはケイトと買い物に行くつもりです。どちらの絵がリサの来週の計画を示していますか。

P16 （1）　Tom can run faster than Shin.　Takeshi can run faster than Tom.　Who can run the fastest of the three ?

トムは、シンより速く走ることができます。タケシはトムより速く走ることができます。3人の中でだれがいちばん速く走ることができますか。

（2）　Yesterday, Kate did her homework after dinner.　Then she sent an e-mail to her friend in America.　What did she do after she did her homework ?

昨日、ケイトは夕食後に宿題をしました。それから、彼女はアメリカの友達にEメールを送りました。彼女は宿題をした後に何をしましたか。

（3）　Shin went to a restaurant with his family. Shin ate curry and rice.　His father ate pizza.　His mother ate a hamburger. What did Shin's father eat ?

シンは家族とレストランに行きました。シンはカレーライスを食べました。彼のお父さんはピザを食べました。彼のお母さんはハンバーガーを食べました。シンのお父さんは何を食べましたか。

-3-

P17	（1）	Last Wednesday was Risa's birthday. Tom gave her a T-shirt as a birthday present. Kate gave her a tea cup. What did Tom give to Risa?	先週の水曜日はリサの誕生日でした。トムは誕生日プレゼントとしてTシャツを彼女にあげました。ケイトは彼女にティーカップをあげました。トムはリサに何をあげましたか。
	（2）	Tom and Shin will go to a concert tomorrow. The concert starts at 5:30. So, they will meet at the station at 5:15. What time does the concert start?	トムとシンは明日コンサートに行くつもりです。コンサートは5時30分に始まります。だから、彼らは5時15分に駅で会うつもりです。コンサートは何時に始まりますか。
	（3）	Last Sunday, Tom visited a zoo. He saw two monkeys. They were playing with a ball. He took a picture of them. Which is the picture?	先週の日曜日に、トムは動物園を訪れました。彼は2匹のサルを見ました。それらはボールで遊んでいました。彼はそれらの写真を撮りました。どれがその写真ですか。

イラスト問題④

P18	（1）イ （2）ア （3）イ	P19	（1）ア （2）ア （3）イ	P20	（1）イ （2）ウ （3）ア
P21	（1）ウ （2）ア （3）イ	P22	（1）ウ （2）ア （3）ウ	P23	（1）ウ （2）ウ （3）イ
P24	（1）①ウ ②エ ③ア ④イ （2）エ				

対訳

P18	（1）	Kate:	Shin, where is Risa?	ケイト:	シン、リサはどこですか。
		Shin:	She is in the music room. She is practicing the piano now.	シン:	彼女は音楽室にいます。彼女は今ピアノを練習しています。
		質問:	Where is Risa now?	質問:	リサは今どこにいますか。
	（2）	Tom:	Risa, what Japanese food do you like the best?	トム:	リサ、あなたはどの和食がいちばん好きですか。
		Risa:	I like tempura the best. How about you, Tom?	リサ:	私はテンプラがいちばん好きです。あなたはどうですか、トム。
		Tom:	I like sushi the best.	トム:	私は寿司がいちばん好きです。
		質問:	What Japanese food does Risa like the best?	質問:	リサはどの和食がいちばん好きですか。
	（3）	Kate:	Hi, Shin. What do you do when you are free?	ケイト:	ハイ、シン。あなたはひまなときに何をしますか。
		Shin:	I enjoy reading books. How about you, Kate?	シン:	私は本を読むことを楽しみます。あなたはどうですか、ケイト。
		Kate:	I play basketball with my friends.	ケイト:	私は友達とバスケットボールをします。
		質問:	What does Shin do when he is free?	質問:	シンはひまなときに何をしますか。

（1）
Kate: Have you finished your homework?

Shin: No, I haven't. How about you?

Kate: Not yet. Let's finish it together at the library.

Shin: That's a good idea. Let's go.

質問: Where will they go to do their homework?

ケイト: あなたは宿題を終えましたか。

シン: いいえ、終えていません。あなたはどうですか。

ケイト: まだです。図書室でいっしょにそれを終わらせましょう。

シン: それはよい考えですね。行きましょう。

質問: 彼らは宿題をするためにどこに行くつもりですか。

（2）
Risa: What are you going to do this afternoon, Tom?

Tom: I will visit Takeshi's house to play a new video game.

Risa: That's good. Have a good time.

質問: What is Tom going to do this afternoon?

リサ: あなたは今日の午後は何をするつもりですか、トム。

トム: 私は新しいテレビゲームをするためにタケシの家を訪れるつもりです。

リサ: いいですね。よい時を。

質問: トムは今日の午後に何をするつもりですか。

（3）
Tom: Risa, do you like cats?

Risa: Yes. But I like dogs better than cats.

質問: Which does Risa like better, dogs or cats?

トム: リサ、猫は好きですか。

リサ: はい。でも猫より犬のほうが好きです。

質問: リサは犬と猫のどちらが好きですか。

（1）
Kate: Shin, do you know the girl playing tennis over there?

Shin: Yes. She is a new student, Saki. Come on, Kate. Let's talk to her.

質問: Which picture shows the new student, Saki?

ケイト: シン、向こうでテニスをしている女の子を知っていますか。

シン: はい。彼女は新しい生徒のサキです。来てください、ケイト。彼女と話しましょう。

質問: どの絵が新しい生徒のサキを示していますか。

（2）
Risa: Hi, Tom. Is this your watch?

Tom: Yes. Thank you, Risa. Where did you find it?

Risa: It was under your chair.

質問: Where did Risa find Tom's watch?

リサ: ハイ、トム。これはあなたの時計ですか。

トム: はい。ありがとう、リサ。あなたはどこでそれを見つけましたか。

リサ: それはあなたの椅子の下にありました。

質問: リサはどこでトムの時計を見つけましたか。

（3）
Kate: Do you often come here?

Shin: Yes. I often come here to play soccer with my brother. Come on. Let's eat sandwiches under the tree.

質問: Where are they now?

ケイト: あなたはよくここに来ますか。

シン: はい。私はよく兄(弟)とサッカーをするためにここに来ます。来てください。木の下でサンドイッチを食べましょう。

質問: 彼らは今どこにいますか。

キリトリ✂

P21

(1)

Risa:	Tom, do you have any pets?	リサ:	トム、何かペットを飼っていますか。
Tom:	Yes. I have a dog. How about you, Risa?	トム:	はい。私は犬を飼っています。あなたはどうですか、リサ。
Risa:	I have a cat. I always enjoy playing with my cat.	リサ:	私は猫を飼っています。私はいつも私の猫と遊ぶことを楽しみます。
質問:	Which picture shows Risa's pet?	質問:	どの絵がリサのペットを示していますか。

(2)

Kate:	Hi, Shin. Next week, I am going to go to Kumamoto by train.	ケイト:	ハイ、シン。来週、私は電車で熊本に行くつもりです。
Shin:	Hi, Kate. That's good. I hope you will have a good time.	シン:	ハイ、ケイト。いいですね。私はあなたがよい時間を過ごすことを望みます。
Kate:	Thank you.	ケイト:	ありがとう。
質問:	How will Kate go to Kumamoto next week?	質問:	ケイトは来週どのようにして熊本に行くつもりですか。

(3)

Risa:	Where are you from, Tom?	リサ:	あなたはどこの出身ですか、トム。
Tom:	I'm from America. Have you ever been to America, Risa?	トム:	私はアメリカ出身です。あなたはこれまでにアメリカに行ったことがありますか、リサ。
Risa:	No. But I lived in Canada for three years.	リサ:	いいえ。しかし、私はカナダに3年間住んでいました。
質問:	Where did Risa live for three years?	質問:	リサはどこに3年間住んでいましたか。

P22

(1)

Shin:	Kate, did you watch the movie on TV last night?	シン:	ケイト、あなたは昨夜テレビで映画を見ましたか。
Kate:	No, I didn't, Shin. I was reading a book then.	ケイト:	いいえ、見ませんでした、シン。私はその時本を読んでいました。
質問:	What did Kate do last night?	質問:	ケイトは昨夜何をしましたか。

(2)

Tom:	Why don't we go to the concert tomorrow?	トム:	明日コンサートに行きませんか。
Risa:	Sure. When does the concert start?	リサ:	もちろん。コンサートはいつ始まりますか。
Tom:	It starts at 5:30. Let's meet in front of the concert hall at 5:00.	トム:	それは5時30分に始まります。5時にコンサートホールの前で会いましょう。
Risa:	All right.	リサ:	わかりました。
質問:	What time will they meet tomorrow?	質問:	彼らは明日何時に会うつもりですか。

(3)

Shin:	Hi, Kate. I went to Fukuoka yesterday.	シン:	ハイ、ケイト。私は昨日福岡に行きました。
Kate:	Hi, Shin. That's good. Did you have a good time?	ケイト:	ハイ、シン。いいですね。よい時を過ごしましたか。
Shin:	Yes. But it was rainy in Fukuoka.	シン:	はい。しかし、福岡は雨でした。
Kate:	Really? It was sunny in Kumamoto yesterday.	ケイト:	本当ですか。熊本は昨日晴れていました。

質問:	How was the weather in Kumamoto yesterday ?	質問: 昨日の熊本の天気はどうでしたか。

P23

(1)

Tom: Risa, what is your dream ?

Risa: My dream is to become a writer. How about you, Tom ?

Tom: I want to become a teacher.

質問: What is Risa's dream ?

トム: リサ、あなたの夢は何ですか。

リサ: 私の夢は作家になることです。あなたはどうですか、トム。

トム: 私は教師になりたいです。

質問: リサの夢は何ですか。

(2)

Kate: Shin, where did you go ?

Shin: Hi, Kate. I went to a supermarket. I bought some apples.

Kate: How many apples did you buy ?

Shin: I bought three apples.

質問: How many apples did Shin buy ?

ケイト: シン、どこに行きましたか。

シン: ハイ、ケイト。私はスーパーマーケットに行きました。私はリンゴをいくつか買いました。

ケイト: あなたはいくつリンゴを買いましたか。

シン: 私はリンゴを3つ買いました。

質問: シンはリンゴをいくつ買いましたか。

(3)

Tom: What time does the train come ?

Risa: It comes at 10:15.

Tom: Really ? It's already 9:45.

Risa: Yes. We must leave now.

質問: What time does the train come ?

トム: その電車は何時に来ますか。

リサ: それは10時15分に来ます。

トム: 本当ですか。すでに9時45分です。

リサ: はい。私たちは今出発しなくてはなりません。

質問: 電車は何時に来ますか。

P24

(1)

Shin: Kate, what are you looking at ?

Kate: This is a picture of my sister and my friends in America.

Shin: Which is your sister ?

Kate: My sister is the girl holding a cat. And another girl is her best friend, Jill.

Shin: Who are these boys ?

Kate: They are my classmates, John and Steve. John is the tallest of the four. Steve has a racket in his hand. We are good friends.

シン: ケイト、何を見ているのですか。

ケイト: これは私の姉(妹)とアメリカの友達の写真です。

シン: どちらがあなたのお姉さん(妹)ですか。

ケイト: 私の姉(妹)は猫を抱いている女の子です。そしてもう1人の女の子は彼女の親友のジルです。

シン: これらの男の子たちはだれですか。

ケイト: 彼らは私のクラスメートのジョンとスティーブです。ジョンは4人のなかでいちばん背が高いです。スティーブは手にラケットを持っています。私たちはよい友達です。

(2)

Man: Excuse me, could you tell me the way to Heisei Station ?

Risa: Sure. Go down this street, and turn right at the park.

Man: Turn right at the park ?

Risa: Yes. Then walk along the street. You will see Heisei Station on your left.

Man: Thank you.

男性: すみません。平成駅への行き方を教えて頂けますか。

リサ: もちろんです。この通りをまっすぐ進んで、公園で右に曲がって下さい。

男性: 公園で右に曲るのですね。

リサ: はい。それから、その通りに沿って歩いてください。左手に平成駅が見えます。

男性: ありがとう。

チャイム問題

P25 （1）イ （2）イ （3）エ　P26 （1）ア （2）エ （3）ウ　P27 （1）イ （2）エ （3）ウ

対訳

P25

（1）
Kate: Hi, Shin. I went to Mt. Aso yesterday. I took a lot of pictures.
Shin: Great. Can you show me the pictures?
Kate: チャイム(Sure. Here you are.)

ケイト: ハイ、シン。私は昨日阿蘇山に行きました。私はたくさんの写真を撮りました。
シン: すばらしいですね。その写真を見せてくれますか。
ケイト:(もちろん。さあどうぞ。)

（2）
Man: May I help you?
Risa: I am looking for a T-shirt.
Man: How about this one?
Risa: It's nice. May I try it on?
Man: チャイム(Of course.)

店員の男性: いらっしゃいませ。
リサ: 私はTシャツをさがしています。
店員の男性: これはどうですか。
リサ: いいですね。試着していいですか。
店員の男性:(もちろんです。)

（3）
Tom: Hello, this is Tom. Can I talk to Risa, please?
Risa's Mom: Sorry, Tom. She is out now.
Tom: チャイム(Can I leave a message?)

トム: もしもし、トムです。リサをお願いします。
リサの母: ごめんなさい、トム。彼女は今出かけています。
トム:(伝言を残せますか。)

P26

（1）
Shin: Kate, why don't we go to the movie tomorrow?
Kate: Sure.
Shin: I'm glad. Let's meet at Heisei Station at 9:30.
Kate: チャイム(OK. See you tomorrow.)

シン: ケイト、明日映画を見に行きませんか。
ケイト: もちろんです。
シン: うれしいです。9時30分に平成駅で会いましょう。
ケイト:(わかりました。ではまた明日。)

（2）
Man: May I help you?
Kate: A hamburger and a salad, please.
Man: For here or to go?
Kate: To go.
Man: Would you like something to drink?
Kate: チャイム(No, thank you.)

店員の男性: いらっしゃいませ。
ケイト: ハンバーガーとサラダを下さい。
店員の男性: こちらでお召し上がりですか、それともお持ち帰りですか。
ケイト: 持ち帰ります。
店員の男性: 何か飲み物はいかがですか。
ケイト:(いいえ、けっこうです。)

（3）
Risa: Tom, did you travel this summer?
Tom: Yes, I did. I visited Tokyo.
Risa: That's good. What did you do in Tokyo?
Tom: チャイム(I saw pandas at Ueno Zoo.)

リサ: トム、この夏旅行に行きましたか。
トム: はい、行きました。私は東京を訪れました。
リサ: いいですね。東京で何をしましたか。
トム:(上野動物園でパンダを見ました。)

P27	（1）	Kate:	What did you do last Sunday ?		ケイト：	あなたは先週の日曜日に何をしましたか。

P27

（1）
Kate: What did you do last Sunday ?
Shin: I studied English.
Kate: Wow.　You study English very hard.　Why ?
Shin: チャイム(Because I want to become an English teacher.)

ケイト： あなたは先週の日曜日に何をしましたか。
シン： 私は英語を勉強しました。
ケイト： わあ。あなたは英語をとても一生懸命勉強します。なぜですか。
シン： (なぜなら私は英語教師になりたいからです。)

（2）
Kate: Shin, you always read books.
Shin: Yes.　I like to read books very much.
Kate: Who is your favorite writer ?
Shin: チャイム(It's *Natsume Soseki*.)

ケイト： シン、あなたはいつも本を読んでいます。
シン： はい。私は本を読むことがとても好きです。
ケイト： あなたのいちばん好きな作家はだれですか。
シン： (夏目漱石です。)

（3）
Risa: Why don't we go shopping tomorrow ?
Tom: That's a good idea.　How will the weather be tomorrow ?
Risa: チャイム(It will be sunny.)

リサ： 明日ショッピングに行きませんか。
トム： よい考えですね。明日の天気はどうですか。
リサ： (晴れでしょう。)

対話・文章問題

P28	1	（1）ウ　（2）ウ	2	ア 緑　イ 自転車　ウ 黄色
P29	1	（1）イ　（2）イ　（3）エ	2	ア hospital　イ 1:30　ウ 3:00
P30	1	① ○　② ×　③×	2	①ア　②エ　③イ
P31	1	（1）ウ　（2）ア　（3）エ	2	ア built　イ traditional　ウ by
P32	1	（1）ウ　（2）イ　（3）イ	2	ア best　イ words　ウ(解答例) Mr. Ogawa does.

対訳

P28 1

Risa: Tom, where did you buy these cookies ?
Tom: I didn't buy them, Risa.　I made them last night.
Risa: Really ?　I am surprised because they are delicious.
Tom: Thank you.　I am happy to hear that.
質問 1: Who made the cookies ?
質問 2: Why is Risa surprised ?

リサ： トム、あなたはどこでこれらのクッキーを買いましたか。
トム： 私はそれらを買いませんでした、リサ。私は昨夜それらを作りました。
リサ： 本当ですか。それらはとてもおいしいので私は驚いています。
トム： ありがとう。私はそれを聞いてうれしいです。
質問 1: だれがそのクッキーを作りましたか。
質問 2: なぜリサは驚いていますか。

2

Shin: Kate, you always wear a green shirt.　Do you like green ?

Kate: Yes, Shin.　I like green the best.　I think you like blue the best.

Shin: Why do you think so ?

Kate: Because your bike is blue.

Shin: I see.　I like blue.　But I like yellow better than blue.　I like yellow the best.

シン: ケイト、あなたはいつも緑のシャツを着ています。緑が好きですか。

ケイト: はい、シン。私は緑がいちばん好きです。あなたは青がいちばん好きだと思います。

シン: なぜそう思うのですか。

ケイト: なぜならあなたの自転車が青いからです。

シン: なるほど。私は青が好きです。しかし、私は青よりも黄色のほうが好きです。私は黄色がいちばん好きです。

P29

1

Risa: What are you reading, Tom ?

Tom: I'm reading a comic, Risa.　I borrowed it from Shin.

Risa: Oh, I have read this comic before.　It's popular among young people in Japan.

Tom: This comic is very interesting.

Risa: Many kanji are used in the comic, right ?

Tom: Yes.　So, I use a dictionary to read it.

質問 1: Who is reading the comic ?

質問 2: Has Risa read the comic ?

質問 3: What does Tom use to read the comic ?

リサ: 何を読んでいるのですか、トム。

トム: 私はマンガを読んでいます、リサ。私はそれをシンから借りました。

リサ: ああ、私は以前このマンガを読んだことがあります。それは日本の若い人々の間で人気です。

トム: このマンガはとてもおもしろいです。

リサ: そのマンガにはたくさんの漢字が使われていますね。

トム: はい。だから、私はそれを読むために辞書を使います。

質問 1: だれがそのマンガを読んでいますか。

質問 2: リサはそのマンガを読んだことがありますか。

質問 3: トムはそのマンガを読むために何を使いますか。

2

Tom: Hello, this is Tom.　May I speak to Risa, please ?

Risa's Mom: Sorry, she is out now.　She went to a hospital to see her grandmother.

Tom: What time will she come back ?

Risa's Mom: About 1:30.

Tom: Can I leave her a message ?

Risa's Mom: Sure.

Tom: We will have a birthday party for Kate today.　The party will start at 3:00.

Risa's Mom: OK.　I will tell her about it.

Tom: Thank you.

トム: もしもし。トムです。リサをお願いします。

リサの母: ごめんなさい、彼女は今出かけています。彼女は彼女の祖母に会うために病院に行きました。

トム: 彼女は何時に戻りますか。

リサの母: 1 時 30 分ごろです。

トム: 伝言を残せますか。

リサの母: もちろん。

トム: 私たちは今日、ケイトのために誕生日パーティをします。パーティは 3 時に始まります。

リサの母: わかりました。そのことについて彼女に言っておきます。

トム: ありがとうございます。

This summer, I visited Kyoto with my host family. We stayed there for three days. We visited many good places. For example, we visited *kiyomizu-dera*. It was built more than 1000 years ago. I was surprised to know about it. We had dinner at a Japanese restaurant. We ate many Japanese traditional dishes. They were beautiful and delicious. I made a lot of memories in Kyoto. I will never forget about them.

この夏、私はホストファミリーと京都を訪れました。私たちはそこに3日間滞在しました。私たちはたくさんのよい場所を訪れました。例えば、私たちは清水寺を訪れました。それは1000年以上前に建てられました。私はそれについて知って驚きました。私たちは日本料理店で夕食を食べました。私たちはたくさんの日本の伝統料理を食べました。それらは美しくてとてもおいしかったです。私は京都でたくさんの思い出を作りました。私はそれらについて決して忘れないでしょう。

Last Sunday, Kate came to my house. We did our homework together. When we finished our homework, my mother came to my room. She said to Kate, "Hello, Kate. Nice to meet you. I made cookies for you." I was surprised because my mother's English was very good. Then we enjoyed talking. We had a very good time.

先週の日曜日に、ケイトが私の家に来ました。私たちはいっしょに宿題をしました。私たちが宿題を終えたとき、私の母が部屋に来ました。彼女はケイトに言いました。「こんにちは、ケイト。初めまして。私はあなたのためにクッキーを作りました。」私は、私の母の英語がとてもじょうずだったので驚きました。それから、私たちは話をすることを楽しみました。私たちはとてもよい時を過ごしました。

When I was in America, I often visited my grandmother. She lives in a small village. She has two orange trees around her house. When I visited her, she always made an orange cake for me. It was delicious. I believe her cake is the best in the world. Now I live in Japan. I sometimes buy an orange at a supermarket. When I eat it, I always remember my grandmother.

質問1: Which picture shows Tom's grandmother's house?

質問2: What did Tom's grandmother always make for him?

質問3: Where does Tom live now?

私がアメリカにいたとき、私はよく祖母を訪ねました。彼女は小さな村に住んでいます。彼女は彼女の家の周りに2本のオレンジの木を持っています。私が彼女を訪ねたとき、彼女はいつも私のためにオレンジケーキを作ってくれました。それはとてもおいしかったです。私は彼女のケーキが世界でいちばんだと信じています。私は今、日本に住んでいます。私はときどき、スーパーマーケットでオレンジを買います。それを食べるとき、私はいつも祖母のことを思い出します。

質問1:どの絵がトムの祖母の家を示していますか。

質問2:トムの祖母は彼のためにいつも何を作りましたか。

質問3:トムは今どこに住んでいますか。

2 Everyone, it's 11:50 now. We have just arrived at Tom's Kitchen. You will have lunch here from 12:00 to 1:30. The restaurant is very old. It was built about one hundred years ago. But it is still popular among people in this town. You can enjoy many traditional dishes here. They are delicious. Please enjoy your lunch time. After lunch, you will have free time. Please come back to the bus by 3:00.

みなさん、今 11 時 50 分です。私たちはたった今トムズキッチンに到着しました。あなたたちはここで 12 時から 1 時 30 分まで昼食をとる予定です。そのレストランはとても古いです。それはおよそ 100 年前に建てられました。しかし、それはまだこの町の人々の間で人気があります。あなたたちはここでたくさんの伝統的な料理を楽しむことができます。それらはとてもおいしいです。どうぞあなたたちの昼食時間を楽しんでください。昼食後は、あなたたちは自由時間をとる予定です。どうぞ、3 時までにバスに戻ってください。

P32

1 This April, a new student joined our class. Her name is Kate. She is from America. We have become good friends. She cannot speak Japanese well. So, we usually talk in English. She likes anime, and I like anime, too. We always enjoy talking about it. I didn't like English before. But thanks to Kate, now English is my favorite subject. I will study English more to talk with her.
質問 1: Where is Kate from?
質問 2: What does Kate like?
質問 3: Does Risa like English now?

この 4 月に、新しい生徒が私たちのクラスに加わりました。彼女の名前はケイトです。彼女はアメリカ出身です。私たちはよい友達になりました。彼女は日本語をじょうずに話すことができません。だから、私たちはふつう英語で話します。彼女はアニメが好きで、私もアニメが好きです。私たちはいつもそれについて話すことを楽しみます。私は以前英語が好きではありませんでした。しかし、ケイトのおかげで、英語は今、私のいちばん好きな教科です。私は彼女と話をするために、英語をもっと勉強するつもりです。
質問 1: ケイトはどこの出身ですか。
質問 2: ケイトは何が好きですか。
質問 3: リサは今、英語が好きですか。

2 I like English very much. Today, I will tell you about my three ways to study English. First, I talk with my friend, Tom, in English every day. He is from America. It is the best way for me to practice English. Second, I listen to English songs. I learn new words from them. That is fun because I like music. Third, I ask my English teacher, Mr. Ogawa, when I have a question. Studying English is sometimes difficult. But he always helps me study English. If you want to study English, please try these three ways.
質問: Who helps Shin study English?

私は英語がとても好きです。今日、私は英語を勉強するための私の 3 つの方法についてあなたたちに話します。1 つ目に、私は友達のトムと毎日英語で話します。彼はアメリカ出身です。それは私にとって英語を練習するいちばんよい方法です。2 つ目に、私は英語の歌を聞きます。私はそれらから新しい言葉を学びます。私は音楽が好きなので、それは楽しいです。3 つ目に、私は質問があるとき、私の英語の先生のオガワ先生に質問をします。英語を勉強することはときどき難しいです。しかし、彼はいつも私が英語を勉強することを手伝ってくれます。もしあなたたちが英語を勉強したいならば、どうぞこれらの 3 つの方法を試してください。
質問: だれがシンが英語を勉強することを手伝ってくれますか。

長文編　解答

長文問題①（P34〜P43）

P34 （1）（解答例）⑦ He is from America.　④ No, he can't.　（2）ウ

（3）Ⓐ 15　Ⓑ アニメを見ること。

P35 （1）Where　（2）Why did you come to Japan　（3）（解答例）She likes Japanese food.

P36 （1）②　（2）by　（3）ア

P37 （1）I would like two hamburgers　（2）ウ　（3）ウ

P38 （1）To climb mountains is fun　（2）イ　（3）（解答例）I want to enjoy fishing in the river.

P39 （1）Her name is Yoshiko.　（2）Have you ever talked with her ?

（3）（解答例）⑦ Yes, they have.　④ They will talk with Yoshiko.

P40 （1）イ　（2）ウ　（3）ウ

P41 （1）エ　（2）ウ　（3）（解答例）It will come at 1:20.

P42 （1）taller　（2）ア　（3）イ

P43 （1）⑦ Yes, it was.　④ Yes, he did.　（2）written　（3）Ⓐ エ　Ⓑ ア　Ⓒ ウ

対訳

P34

Hello, my name is Tom. I am from America. I'm fifteen years old. My hobby is to watch anime. Japanese anime is popular in America, too. I want to enjoy (talking) with you about it. My favorite Japanese food is *sushi*. But I cannot eat *wasabi*. I'm very happy to study with you. Thank you.

こんにちは、私の名前はトムです。私はアメリカ出身です。私は 15 歳です。私の趣味はアニメを見ることです。日本のアニメはアメリカでも人気です。私はそれについてあなたたちと(話をすること)を楽しみたいです。私のいちばん好きな和食は寿司です。しかし、私はワサビは食べることができません。私はあなたたちと勉強することができてとても幸せです。ありがとう。

P35

Shin : Hello, my name is Shin. What is your name ?

Kate : Hello, Shin. My name is Kate. Nice to meet you.

Shin : Nice to meet you, too. (Where) are you from ?

Kate : I'm from America.

Shin : 【Why did you come to Japan】 ?

Kate : Because I like Japanese culture.

Shin : What Japanese culture do you like ?

Kate : I like Japanese food.

シン　：こんにちは、私の名前はシンです。あなたの名前は何ですか。

ケイト：こんにちは、シン。私の名前はケイトです。はじめまして。

シン　：はじめまして。あなたは（どこの）出身ですか。

ケイト：私はアメリカ出身です。

シン　：【あなたはなぜ日本に来たのですか】。

ケイト：なぜなら私は日本文化が好きだからです。

シン　：どのような日本文化が好きですか。

ケイト：私は和食が好きです。

P36

Dear Kate,

Are you free next Saturday？ Tom and I are going to go to Midori Museum. The museum is very popular among people in the city. We can see a lot of Japanese traditional arts and crafts there. ②(They are beautiful.) We will go there Ⓐ(by) train. We will meet at Heisei Station at 9:30. There is a nice restaurant near the museum. We are going to have lunch there. If you are free, please go with us.

Shin

親愛なるケイト

あなたは次の土曜日はひまですか。トムと私はみどり博物館に行くつもりです。その博物館は、市の人々の間でとても人気です。私たちは、そこでたくさんの日本の伝統的な美術工芸品を見ることができます。②(それらは美しいです。) 私たちは、そこに電車Ⓐ(で)行くつもりです。私たちは、平成駅で9時30分に会います。博物館の近くによいレストランがあります。私たちはそこで昼食をとるつもりです。もしあなたがひまなら、どうぞ私たちといっしょに行ってください。

シン

P37

Man : Hello. What would you like？

Kate :【I would like two hamburgers】.

Man : Would you like something to drink？

Kate : Orange juice, please.

Man : For here, or to go？

Kate : To go.

Man : It's six hundred and eighty yen.

Kate :（Here you are.）

男性 ： こんにちは。何になさいますか。

ケイト：【私はハンバーガーが2つほしいです】。

男性 ： 何か飲むものはいかがですか。

ケイト： オレンジジュースをください。

男性 ： こちらでお召し上がりですか、それともお持ち帰りですか。

ケイト： 持ち帰りです。

男性 ： 680円です。

ケイト：（はい、どうぞ。）

P38

Which season do you like the best？ I like summer the best because I can enjoy many things. For example, I can enjoy swimming in the sea. 【To climb mountains is fun】, too. Summer vacation starts next week. I am very excited. I want to visit Okinawa (to swim). What do you want to enjoy during summer vacation？

どの季節がいちばん好きですか。私はたくさんのことを楽しむことができるので、夏がいちばん好きです。例えば、私は海で泳ぐことを楽しむことができます。【山に登ることもまた楽しいです。】夏休みは来週始まります。私はとてもわくわくしています。私は(泳ぐために)沖縄を訪れたいです。あなたは夏休みの間に何を楽しみたいですか。

P39

Kate : Look at the girl over there. Who is she？

Risa : Her name is Yoshiko. She is a new student.

Kate :【Have you ever talked with her】？

Risa : Yes, I have. I talked with her yesterday. We have become good friends.

Kate : That's good. What did you talk about？

Risa : We talked about English. She likes English very much. Come on, Kate. Let's talk with her.

ケイト： 向こうの女の子を見てください。彼女はだれですか。

リサ ： 彼女の名前はヨシコです。彼女は新しい生徒です。

ケイト：【あなたは今までに彼女と話したことがありますか】。

リサ ： はい、あります。私は昨日彼女と話しました。私たちはよい友達になりました。

ケイト： いいですね。あなたたちは何について話したのですか。

リサ ： 私たちは英語について話しました。彼女は英語がとても好きです。来てください、ケイト。彼女と話しましょう。

P40

My hobby is to take pictures. Last Sunday, I went to Midori Zoo. I took a lot of pictures of animals. Today, I will show you the best one. Please look at this picture. This is a baby elephant. It was eating a lot of fruits. I am happy (if) you like it. Next Sunday, I am going to visit Midori Park to take pictures of birds and flowers.

私の趣味は写真を撮ることです。先週の日曜日に、私はみどり動物園に行きました。私は動物の写真をたくさん撮りました。今日、私はあなたたちに最もよい1枚を見せるつもりです。どうぞこの写真を見てください。これは赤ちゃん象です。それはたくさんのフルーツを食べていました。(もし)あなたたちがそれを好きなら、私はうれしいです。次の日曜日に、私はみどり公園に鳥と花の写真を撮りに行きます。

P41

Woman : Excuse me. Could you tell me how to get to Goukaku Station?

Shin : Sure. We are at Midori Station now. Take Sakura line to Chiba. Goukaku Station is five stops from here.

Woman : How long does it take?

Shin : (About thirty five minutes.)

Woman : What time will the next train come?

Shin : It will come at 1:20.

Woman : Thank you.

Shin : You're welcome. Have a nice trip.

女性 ： すみません。合格駅への行き方を教えてくださいますか。

シン ： もちろんです。私たちは今みどり駅にいます。千葉行きのさくら線に乗ってください。合格駅はここから5駅です。

女性 ： どのぐらい時間がかかりますか。

シン ： (およそ35分です。)

女性 ： 次の電車は何時に来ますか。

シン ： それは1時20分に来るでしょう。

女性 ： ありがとうございます。

シン ： どういたしまして。よい旅を。

P42

I am a member of the basketball club. I have my best friend in the club. His name is Ken. We like basketball very much. We practice basketball from Monday to Friday. I'm ①(taller) than him. But he can play basketball Ⓐ(better) than me. He was not a good basketball player before. But he practiced very hard to be a good player. Now he is the Ⓑ(best) player in the club. I think he is great.

私はバスケットボール部のメンバーです。私は部に親友がいます。彼の名前はケンです。私たちはバスケットボールがとても好きです。私たちは月曜日から金曜日までバスケットボールを練習します。私は彼よりも①(もっと背が高い)です。しかし、彼は私より⒜(もっとじょうずに)バスケットボールができます。彼は以前はよいバスケットボール選手ではありませんでした。しかし彼はよい選手になるためにとても一生懸命練習しました。今、彼は部で⒝(いちばんじょうずな)選手です。私は彼はすばらしいと思います。

P43

Tom : It was rainy yesterday.

Risa : Yeah. Ⓐ(I couldn't go out.)

Tom : Me, too. What were you doing at home?

Risa : Ⓑ(I was reading a book.)

Tom : That's good. What book did you read?

Risa : I read *Kokoro*.

Tom : It was ①(written) by *Natsume Soseki*, right?

Risa : Yes. It was very interesting.

Tom : I read *Kokoro* last year.

Risa : Really? Ⓒ(Let's talk about it.)

トム ： 昨日は雨でした。

リサ ： ええ。Ⓐ(私は外出できませんでした。)

トム ： 私もです。家で何をしていましたか。

リサ ： Ⓑ(私は本を読んでいました。)

トム ： いいですね。あなたは何の本を読みましたか。

リサ ： 私は「こころ」を読みました。

トム ： それは夏目漱石によって①(書かれました)ね。

リサ ： はい。それはとてもおもしろかったです。

トム ： 私は昨年「こころ」を読みました。

リサ ： 本当ですか。Ⓒ(それについて話しましょう。)

長文問題② （P44〜P53）

P44	（1）ウ　　（2）different　　（3）ウ
P45	（1）⑦ Yes, he is.　④ Yes, he will.　　（2）エ　　（3）ア×　イ×　ウ○　エ×
P46	（1）⑦ She visited her grandfather's house.　④ Yes, she did　　（2）イ　　（3）イ
P47	（1）イ　　（2）ウ　　（3）イ
P48	（解答例）① My favorite Japanese culture is *judo*.　② It's cool, and it's popular in many countries.
P49	（1）⑦ She likes English the best.　④ No, she doesn't.　　（2）ア　　（3）the most
P50	（1）⑦ Shin's grandfather does.　④ She was sick last winter.
	（2）（解答例）もしあなたが動物を愛するならば、それらもあなたを愛するでしょう。（3）エ
P51	（1）① three　② Which　③ longer　④ pictures
	（2）⑦ They will take Osampo Road.　④ Yes, they can.
P52	（1）（解答例）私が子供のとき、私はよく私の父と公園でサッカーをしました。
	（2）You have become a good soccer player　　（3）エ
P53	（1）エ　　（2）イ　　（3）They will go to the shop in the museum.

対訳

P44

My grandparents like green tea. I like green tea, too. I like green tea better ①(than) coffee. They have same *yunomies*. But their colors are Ⓐ(different). My grandfather's *yunomi* is blue, and my grandmother's one is red. They are old, but beautiful. I asked them, "How long have you used these *yunomies*?" They answered, "We have used them for thirty years." I was surprised to hear that.

私の祖父母は緑茶が好きです。私も緑茶が好きです。私はコーヒー①(よりも)緑茶のほうが好きです。彼らは同じ湯飲みを持っています。しかし、それらの色はⒶ(違います。) 私の祖父の湯飲みは青色で、祖母のものは赤色です。それらは古いですが、美しいです。私は彼らにたずねました。「あなたたちはどのぐらい長くこれらの湯飲みを使っているのですか。」彼らは答えました。「私たちはそれらを30年間使っています。」私はそれを聞いて驚きました。

P45

Kate : Hi, Tom. Are you free next Saturday?

Tom : Yes, I am free. Why?

Kate : (Because) I want you to come to City Dance Contest.

Tom : Oh, are you going to dance in the contest?

Kate : Yes. I will dance with my friends of the dance club.

Tom : Sounds interesting. I will go to see you.

Kate : I'm glad. We are going to dance from 11:00 to 11:20.

Tom : OK. Do your best.

ケイト ： ハイ、トム。あなたは次の土曜日はひまですか。

トム ： はい、私はひまです。なぜですか。

ケイト ：（なぜなら）私はあなたにシティダンスコンテストに来てほしいからです。

トム ： ああ、あなたはコンテストでおどるつもりですか。

ケイト ： はい。私はダンス部の友達とおどるつもりです。

トム ： おもしろそうですね。私はあなたたちを見に行きます。

ケイト ： 私はうれしいです。私たちは11時から11時20分までおどる予定です。

トム ： わかりました。最善を尽くしてください。

P46

My grandfather has a lot of books. Last Sunday, I visited his house. He said to me, "Have you ①(ever) read this book ?" The book was *Botchan*. I said to him, "No, I haven't. But I know about this book. It was ②(written) by Natsume Soseki." He said to me, "Yes. I read this book when I was a junior high school student. You should read it." I borrowed the book from him. I'm reading it now, and it's very interesting.

私の祖父はたくさんの本を持っています。先週の日曜日に、私は彼の家を訪れました。彼は私に言いました。「あなたは①(今までに)この本を読んだことがありますか。」その本は「坊ちゃん」でした。私は彼に言いました。「いいえ、ありません。しかし、私はこの本について知っています。それは夏目漱石によって②(書かれました)。」 彼は私に言いました。「はい。私は、私が中学生のときにこの本を読みました。あなたはそれを読むべきです。」私は彼からその本を借りました。私は今それを読んでいます。そして、それはとてもおもしろいです。

P47

Shin : Hi, Kate. Where are you going ?

Kate : I am going to City Park (to do) volunteer work.

Shin : That's good. Are you going to clean the park ?

Kate : Yes. Do you want to go with me ?

Shin : Yes, but I can't go. I have to help my mother. She is sick now.

Kate : That's too bad. Say hello to her.

Shin : Thank you. Have a nice day.

シン　：ハイ、ケイト。どこに行くのですか。

ケイト：私はボランティア活動を(するために)シティパークへ行くところです。

シン　：いいですね。あなたはその公園をそうじするつもりですか。

ケイト：はい。あなたは私といっしょに行きたいですか。

シン　：はい、しかし私は行くことができません。私は母を手伝わなくてはなりません。彼女は今病気です。

ケイト：それはお気の毒に。彼女によろしくお伝えください。

シン　：ありがとう。よい一日を。

P48

Dear Tom,

Thank you for your e-mail. I'm happy that you are enjoying your school life in Japan. I think that Japanese culture is very different from American culture. I want to learn about it. Please tell me about your favorite Japanese culture.

David

親愛なるトム

Eメールをありがとう。私はあなたが日本で学校生活を楽しんでいることがうれしいです。私は日本文化はアメリカ文化ととてもちがっていると思います。私はそれについて学びたいです。どうぞあなたのいちばん好きな日本文化について教えてください。

デイビット

Dear Father,

Japanese culture is very interesting. ①あなたの答え There are two reasons. ②あなたの答え See you.

Tom

親愛なるお父さん

日本文化はとてもおもしろいです。①あなたの答え 2つ理由があります。 ②あなたの答え またね。

トム

P49	Kate : Risa, what subject do you like the best ?	ケイト ： リサ、何の教科がいちばん好きですか。

P49

Kate : Risa, what subject do you like the best ?

Risa : I like English the best.　But English is not popular in our class.

Kate : How many students like English the best ?

Risa : Only four students like it the best.　I am sad.

Kate : But ①(English is more popular than math.)

Risa : I see.　Math is difficult.

Kate : I think so, too.　I don't like math.

Risa : What is your favorite subject ?

Kate : My favorite subject is Japanese.

Risa : I like Japanese, too.　Japanese is Ⓐ(the most) popular subject in our class.

ケイト ： リサ、何の教科がいちばん好きですか。

リサ 　： 私は英語がいちばん好きです。しかし、英語は私たちのクラスで人気がありません。

ケイト ： 何人の生徒が英語がいちばん好きですか。

リサ 　： ただ4人の生徒だけが英語がいちばん好きです。私は悲しいです。

ケイト ： しかし①(英語は数学より人気があります。)

リサ 　： なるほど。数学は難しいです。

ケイト ： 私もそう思います。私は数学が好きではありません。

リサ 　： あなたのいちばん好きな教科は何ですか。

ケイト ： 私のいちばん好きな教科は国語です。

リサ 　： 私も国語が好きです。国語は私たちのクラスでⒶ(いちばん)人気のある教科です。

P50

　My grandfather was an animal doctor when he was young.　He knows many things about animals.　I have a cat at home.　Her name is Kitty.　Last winter, Kitty was sick.　I was worried about her very much.　I asked my grandfather to help her.　Thanks to him, she got well soon.　I think he was a great animal doctor.　One day, he said to me, "Shin, animals can understand people's feelings.　If you love animals, they will love you, too."　I am sure that he was loved by animals.

　私の祖父は若いとき獣医でした。彼は動物についてたくさんのことを知っています。私は家にネコを飼っています。彼女の名前はキティです。昨年の冬に、キティは病気でした。私は彼女のことをとても心配しました。私は祖父に彼女を助けてくれるように頼みました。彼のおかげで、彼女はすぐによくなりました。私は彼がすばらしい獣医だったと思います。ある日、彼は私に言いました。「シン、動物は人々の気持ちを理解することができます。もしあなたが動物を愛するならば、それらもあなたを愛するでしょう。」私は彼が動物に愛されたと確信しています。

P51

Shin : Look at the map.　There are ①(three) hiking roads.

Tom : Yes.　②(Which) road should we take ?

Shin : Well, how about Tetsujin Road ?

Tom : Sounds interesting.　But the road is too long.　It's ③(longer) than Bike Road.

Shin : We should take Osampo Road today.

Tom : I think so, too.　We can take beautiful ④(pictures) on Osampo Road.

Shin : OK.　What time is it now ?

Tom : It's 9:30.

Shin : We can arrive at Goukaku Park by 12:00.　Let's go.

シン ： その地図を見てください。①(3つの)ハイキングロードがあります。

トム ： はい。②(どちらの)道を行くべきでしょうか。

シン ： ええと、鉄人ロードはどうでしょう。

トム ： おもしろそうですね。でもその道は長すぎます。それはバイクロード③(より長い)です。

シン ： 私たちは今日はお散歩ロードを行くべきです。

トム ： 私もそう思います。私たちはお散歩ロードで美しい④(写真)を撮ることができます。

シン ： オーケー。今何時ですか。

トム ： 9時30分です。

シン ： 私たちは12時までに合格公園に到着することができます。行きましょう。

I like playing soccer very much. I have played soccer since I was a child. <u>When I was a child, I often played soccer with my father in the park.</u> He played soccer when he was a junior high school student. Now I am a member of the soccer club of my junior high school.

Last Sunday, we had a soccer game. I was very excited because I was a starter. My father came to see the game. We did our best, and we finally won the game. He said to me, "Good job, Shin. 【You have become a good soccer player】." I was happy to hear that.

私はサッカーをすることがとても好きです。私は子供のときからずっとサッカーをしています。 <u>私が子供のとき、私はよく私の父と公園でサッカーをしました。</u> 彼は中学生のときサッカーをしていました。今私は私の中学校のサッカー部の一員です。

先週の日曜日に、私たちはサッカーの試合がありました。私は先発だったのでとてもわくわくしました。父はその試合を見に来ました。私たちは最善を尽くし、ついに試合に勝ちました。彼は私に言いました。「よくやりました、シン。【あなたはよいサッカー選手になりました】。」私はそれを聞いてうれしかったです。

Shin : How was the museum ?

Kate : It was very interesting. Japanese traditional art was wonderful.

Shin : You were taking a lot of pictures.

Kate : Yeah. Look. I think this picture is the best.

Shin : (What a nice picture !)

Kate : Thank you. These birds and flowers are beautiful.

Shin : You know ? People still use it when they want to feel cool. My mother has it, too.

Kate : Really ? I want to get it.

Shin : You can buy it at the shop in the museum.

Kate : Great. Let's go to the shop after lunch.

シン　：博物館はどうでしたか。

ケイト：それはとてもおもしろかったです。日本の伝統的な美術はすばらしかったです。

シン　：あなたはたくさんの写真を撮っていました。

ケイト：ええ。見てください。私はこの写真がいちばんよいと思います。

シン　：(なんてよい写真でしょう!)

ケイト：ありがとう。これらの鳥と花は美しいです。

シン　：知っていますか。人々は涼しく感じたいときにまだそれを使います。私の母もそれを持っています。

ケイト：本当ですか。私はそれを手に入れたいです。

シン　：あなたは博物館の中の店でそれを買うことができます。

ケイト：すばらしいですね。昼食後にその店に行きましょう。

長文問題③（P54～P58）

（1）I want to get my smartphone to enjoy many things.

（2）（解答例）① She wants to send messages to her friends.　② She wants to watch videos.

（3）（解答例）道を歩きながらスマートフォンを使うこと。

（1）イ　（2）No, she hasn't.　（3）エ

（1）ウ　（2）何人かの人々がビニール袋を自然の中に捨てること。　（3）ウ

（1）ウ　（2）なぜなら、私は私の家族を幸せにしたいからです。

（3）①（解答例）My hobby is to play video games.

②（解答例）I always enjoy playing video games with my friends.

（1）（解答例）⑦ They went to the village by train.　④ Because its nature is beautiful.

（2）I have never seen such beautiful stars　（3）イ

P54

Today, many people have their smartphones. But I don't have my smartphone. 【I want to get my smartphone to enjoy many things】. For example, I want to send messages to my friends. I want to watch videos, too. Smartphones are very useful and interesting. But I think people shouldn't use them too much. Some people use their smartphones when they are walking on the street. They should stop it because it's dangerous.

今日、たくさんの人々が彼らのスマートフォンを持っています。しかし、私は私のスマートフォンを持っていません。【私はたくさんのことを楽しむために私のスマートフォンを手に入れたいです】。例えば、私は友達にメッセージを送りたいです。私は動画も見たいです。スマートフォンはとても役に立ち、おもしろいです。しかし私は人々はそれを使いすぎない方がよいと思います。何人かの人々は道を歩いているときに彼らのスマートフォンを使います。それは危ないので、彼らはそれをやめるべきです。

P55

Kate : What are you going to do next Sunday ?
Shin : I will go to this event.
Kate : Wow. It looks interesting.
Shin : Are you interested in fishing ?
Kate : Yes. I want to try it.
Shin : ①(Why) don't we go to this event ?
Kate : Of course. Please teach me ②(how) to catch fish.
Shin : Sure. Have you ever been to Goukaku Marine Park ?
Kate : No, I haven't. How can we go there ?
Shin : We can go there by train. Can you come to Heisei Station at 7:00 a.m ?
Kate : Yes, I can. See you on Sunday.

ケイト：あなたは次の日曜日に何をするつもりですか。
シン　：私はこのイベントに行くつもりです。
ケイト：わあ。それはおもしろそうに見えます。
シン　：あなたはつりに興味がありますか。
ケイト：はい。私はそれをしてみたいです。
シン　：このイベントに行き①(ませんか)。
ケイト：もちろんです。どうぞ魚を捕まえる②(方法)を教えてください。
シン　：もちろんです。あなたは今までに合格マリンパークに行ったことはありますか。
ケイト：いいえ、ありません。私たちはどのようにしてそこに行くことができますか。
シン　：私たちは電車でそこに行くことができます。あなたは午前7時に平成駅に来ることができますか。
ケイト：はい、できます。では日曜日にね。

P56

Plastic bags are very useful. They are ①(used) by many people. But there is a problem about plastic bags. Some people throw them away in the nature. That is bad for the environment. I think that we ②(must) protect the beautiful earth for everyone. So, I always bring my shopping bag with me when I go shopping. It is a small step. But if everyone does it, I think that the environment will be better. I want to work to protect the beautiful earth in the future.

ビニール袋はとても役に立ちます。それらはたくさんの人々によって①(使われます。)しかし、ビニール袋についての問題があります。何人かの人々は、自然の中にそれらを捨てます。それは環境にとって悪いです。私は、私たちはみんなのために美しい地球を守ら②(なくてはならない)と思います。だから、私は買い物に行くときは、いつも買い物袋を持って行きます。それは小さな一歩です。しかし、もしみんながそれをすれば、私は環境がよりよくなると思います。私は将来、美しい地球を守るために働きたいです。

- 20 -

Risa : Last night, I cooked curry and rice for my family.

Kate : That's good.　Do you like cooking?

Risa : Yes.　Cooking is my hobby.

Kate : Great.　(I think that cooking is difficult.)

Risa : I also think so.　But it's very interesting.

Kate : Why do you like cooking?

Risa : Because I want to make my family happy.

Kate : I see.　I am sure they are happy.

Risa : Thank you.　What is your hobby?

Kate : ①あなたの意見

Risa : Please tell me about it.

Kate : ②あなたの意見

Risa : Thank you.

リサ　　：昨夜、私は家族のためにカレーライスを作りました。

ケイト：いいですね。あなたは料理が好きですか。

リサ　　：はい。料理は私の趣味です。

ケイト：すばらしいですね。（私は料理は難しいと思います。）

リサ　　：私もそう思います。しかしそれはとてもおもしろいです。

ケイト：なぜあなたは料理が好きなのですか。

リサ　　：なぜなら私は私の家族を幸せにしたいからです。

ケイト：なるほど。私は彼らが幸せだと確信しています。

リサ　　：ありがとう。あなたの趣味は何ですか。

ケイト：①あなたの意見

リサ　　：どうぞそれについて教えてください。

ケイト：②あなたの意見

リサ　　：ありがとう。

Saki is my host sister.　Her grandparents live in a small village in Japan.　Last summer, we visited them.　We went to the village by train.　They were waiting for us at the station.

We enjoyed talking about each other in English.　Saki said to them, "I'm surprised. You can speak English very well." Her grandfather said, "We studied English when we were junior high school students."

At the night, I went outside with Saki.　Saki said to me, "I like this village because its nature is beautiful."　Then she said, "Kate, look at the sky."　I was surprised.　There were a lot of stars in the sky.　I said to her, "【I have never seen such beautiful stars】."

Next morning, we said goodbye to Saki's grandparents.　It was a wonderful experience. I want to visit them again in the future.

サキは私のホストシスターです。彼女の祖父母は日本の小さな村に住んでいます。昨年の夏、私たちは彼らを訪ねました。私たちは電車でその村に行きました。彼らは駅で私たちを待っていました。

私たちは英語でお互いのことについて話をすることを楽しみました。サキは彼らに言いました。「私は驚きました。あなたたちはとてもじょうずに英語を話すことができます。」彼女の祖父は言いました。「私たちは中学生のときに英語を勉強しました。」

その夜に、私はサキと外に出ました。サキは私に言いました。「私は自然が美しいのでこの村が好きです。」それから彼女は言いました。「ケイト、空を見てください。」私は驚きました。空にたくさんの星がありました。私は彼女に言いました。「【私はこれまでに一度もこのような美しい星を見たことがありません】。」

次の朝、私たちはサキの祖父母にさよならを言いました。それはすばらしい体験でした。私は将来再び彼らを訪ねたいです。